Barbara Keller

Sieht so eine Mörderin aus?

Barbara Keller

Sieht so eine Mörderin aus?

Authentische Kriminalfälle aus Berlin

Umschlagabbildung: Monika de Montgazon, Opfer eines Justizirrtums,
am ersten Verhandlungstag vor dem Berliner Landgericht.
Foto: © Barbara Keller, 2004.

Die Fotos in diesem Buch stammen, so nicht anders
angegeben, alle von der Autorin.

ISBN 978-3-86813-006-5
© Edition Noack & Block
Berlin 2011
Alle Rechte vorbehalten

Herstellung durch das atelier eilenberger, Taucha bei Leipzig
Printed in Germany
Gedruckt auf säurefreiem, alterungsbeständigem Papier.
www.noack-block.de

Vorwort

Es muss nicht immer Mord sein. Und das ist es ja auch nicht. Gut, in Berlin mit seinen 3,4 Millionen Einwohnern, da kommt im Jahr schon einiges an Bluttaten zusammen. Alle vierzehn Tage wird in der Bundeshauptstadt jemand gemeuchelt. Aber auf dem Land ist Mord so etwas wie ein Naturereignis. Das trifft einen wie ein Blitzschlag; nämlich nie oder immer nur die anderen.

Man führe sich vor Augen, dass der Mensch offenbar die einzige Spezies ist, die sich einen bewaffneten, täglich durch die Straßen patrouillierenden Service – sprich: die Polizei – leistet, um sich voreinander zu schützen. Im täglichen Straßenverkehr beispielsweise liegen Straftaten gegen Leib und Leben praktisch in der Luft. Ein sehnsüchtiger Blutseufzer scheint über dem Mahlstrom des Verkehrs zu liegen, der nach einem erlösenden Biss lechzt und sich geifernd in der Regenbogenpresse austräumt.

Dafür passiert jedoch, statistisch gesehen, herzlich wenig. Drei Prozent Kriminalitätsrate, was ist das schon? Nur auf die Masse gerechnet zeigt das Wirkung. Im Nachwort können Sie dazu einiges an Zahlen lesen. Von diesen Straftätern, die sich in den gegen den Strich geführten Kämmen der Justiz verfingen, waren im Schnitt ein Viertel weiblich.

Wie sieht ein Krimineller, wie sieht eine Kriminelle aus? Spätestens seit den Phänomenen Mario Z. (der „Axtmörder", Prozess im März 2010) und Ralf M. (der „Kannibale von Neukölln", Prozess im Mai 2005), die beide wie unreife Jüngelchen daherkamen, dürfte sich, nicht nur bei den Schlagzeilen-Freunden, Unsicherheit breitgemacht haben. Im Sommer sah ich „die älteste Bankräuberin Berlins" auf dem Balkon ihrer Wohnung im Prenzlauer Berg durch die Geranien lugen: eine betagte, in dunklen Farben gekleidete Dame. Sieht so eine Bankräuberin aus?

Sie sind tragisch, sie sind komisch, lächerlich, lapidar oder ganz und gar böse und gemein: die Frauen und ihre kriminellen Geschichten. Sie sind Teil der mehr als dreihundert Prozesse, die die Autorin zwischen 2004 und 2009 am Berliner Landgericht verfolgte und in Schrift und Bild dokumentierte. Von der pflichtvergessenen Mutter und notorischen Diebin zur uneinsichtigen Sexualstraftäterin. Über den Auftragsmord und (fast) perfekten Mord zum Justizirrtum, der an Rechtsbeugung grenzte, und zurück. Eine Klaviatur, die die kriminellen Berliner Damen und die Prozessbeteiligten ihrerseits arbeitsteilig virtuos bedienen. Vielleicht, oder vielleicht besser nicht, erkennen Sie sich oder andere in diesen Geschichten, die bis auf eine Ausnahme anonymisiert sind, wieder.

Barbara Keller

Typisch Untypisches

Fürsorgepflicht verletzt:
„Wir sind ja keine Familie"

Am 2. März 2006 muss sich die ungelernte, beim Bautenschutz beschäftigte Mia T. (24) vor Gericht verantworten, ihren Sohn Till (3) nicht ausreichend versorgt und ihn vernachlässigt zu haben. Die Brandenburgerin Mia T. wohnt im Sommer 2005 bei ihrem Freund Henri Sch. in Berlin-Marzahn. Als das Jugendamt auf sie aufmerksam wird, wiegt Till drei Kilogramm, kann weder sprechen noch stehen oder laufen und hat den Entwicklungsstand eines weniger als ein Jahr alten Kindes. In der kleinen, schmuddeligen Plattenbauwohnung leben neben den beiden erwachsenen Personen und Till auch vier Hunde und eine Katze.

Nur durch Zufall entdeckte das Berliner Jugendamt im Sommer 2005 die Zustände im Haushalt der damals nicht berufstätigen Mia T. Die 24-Jährige war, seitdem sie im Frühjahr 2005 aus ihrem Haus in Vierlinden/Brandenburg ausgezogen war, nirgends mehr gemeldet.

Vier große Hunde (Rottweiler-Schäferhund-Mischlinge), eine Katze, zwei Erwachsene und ein dreieinhalbjähriges Kind lebten auf engstem Raum. Die Wohnung machte einen verwahrlosten Eindruck, hier und da rottete ein Hundekothaufen vor sich hin. Auf Verfügung der Behörde kam Till umgehend in eine Pflegefamilie.

Am 2. März 2006 muss sich seine Mutter wegen Verletzung der Fürsorgepflicht vor Gericht verantworten. Von ihr ist jedoch am Tag der Hauptverhandlung nichts zu erfahren. Sie schweigt zu den Vorwürfen. Zu ihren Einkommensverhältnissen erklärt die ungelernte und jetzt beim Bautenschutz beschäftigte stämmige Frau der sichtlich erstaunten Staatsanwältin, 2.500 bis 3.000 Euro im Monat zum Verbrauch zur Verfügung zu haben.

Der als Gebäudereiniger beschäftigte Freund der Angeklagten, Henri Sch., ist auskunftswilliger. Ein kleiner, drahtiger Mann, der leise, schnell, fast unverständlich spricht. Er beteuert, mit Mia T. nur befreundet, nicht liiert zu sein. Allerdings wohnte er seit 2004 bei Mia T. in der Doppelhaushälfte in Brandenburg und kennt Till von klein auf.

Von Tills prekärem Zustand und seinen Entwicklungsstörungen will Henri Sch. nichts mitbekommen haben. „Till war ein pflegeleichtes Kind", sagt er. Till sei, so viel er weiß, nie allein gewesen. Entweder war Mia T. da, ein Babysitter oder seine Wenigkeit, erklärt er lax. Und krabbeln, da widerspricht Henri Sch. vehement, das konnte der Junge schon: „Wenn er musste, dann ist Till schon gekrabbelt."

Ansonsten aber war man ja keine Familie und Henri Sch. eben auch die meiste Zeit nicht da. Bis 18 Uhr schlief Henri Sch. nach der Arbeit. Dann erlebte er Till anderthalb Stunden, unter anderem beim Abendbrot. Danach musste er, so sagt er, auch schon wieder zur Arbeit.

Anfang 2005 zog der ganze Haushalt – bis auf Tills Kinderzimmer, für das nun kein Platz mehr war – in die Wohnung nach Berlin-Marzahn. Die beiden Pferde kamen in Pension. Ein halbes Jahr später flog der in die kleine Plattenbauwohnung umgesiedelte Brandenburger „Bauernhof" auf.

Seit September 2005 lebt der jetzt fast vier Jahre alte Till in einer Pflegefamilie. Noch immer kann er nur mit Mühe, schwankend, an der Hand laufen. Nahrung nimmt Till, obwohl er Zähne hat, lediglich in Breiform auf. Er kann schlecht schlucken, und ein Saugreflex ist bei ihm nicht ausgebildet. Sein Pflegevater, ein ausgebildeter Heilerziehungspfleger, sagt: „Till würde am gedeckten Tisch nahezu verhungern."

Erst nach mehr als einem Jahr ergeht gegen Mia T. das Urteil. Dazwischen liegen Sachverständigentermine von Neurologen, Termine zur Begutachtung des Gesundheitszustands des Jungen. Das Gericht muss prüfen, ob und inwieweit Mia T. am retardierten Entwicklungszustand ihres Sohnes schuld ist.

Das Moabiter Schöffengericht ist schließlich von der Schuld der Mutter überzeugt und verurteilt Mia T. wegen Verletzung der Fürsorgepflicht zu einer Bewährungsstrafe von 18 Monaten sowie zu einer Geldbuße von 1.000 Euro. Till bleibt mit Zustimmung der Mutter in der Pflegefamilie.

Mutter verjubelt das Vermögen ihres behinderten Sohnes

Ein einziges Mal innerhalb von fünf Jahren hat Urda P. (42) für ihren Sohn Frank (11) Unterhalt gezahlt. Dabei stand die gelernte Bäckereifachverkäuferin fortwährend in Lohn und Brot. Damit nicht genug, brachte sie auch die Versicherungssumme ihres behinderten Sohnes – satte 440.000 DM – durch. Die Strafanzeige gegen sie stellt der geschiedene Ehemann Paul V. (39) jedoch einen Tag zu spät. Die Tat ist verjährt. Deshalb lautet die Anklage gegen die Mutter jetzt auch nur „Verletzung der Unterhaltspflicht" und „falsche Versicherung an Eides Statt". Eine läppische Amtsgerichtssache, die aber, vor dem Landgericht als „Untreue" verhandelt, zu einer Freiheitsstrafe von bis zu fünf Jahren hätte führen können.

Es ist Freitag um die Mittagszeit. In den Fluren des Amtsgerichts Tiergarten ist nicht mehr viel los. Nur in der zweiten

Etage vor dem Saal 2115 finden sich nacheinander drei Prozessbeteiligte ein. Urda P., eine kleine, zurückhaltende Frau, die mit ihrer blauen Jacke auch als Kontrolleurin der öffentlichen Verkehrsbetriebe durchgehen könnte, steuert sofort auf einen schlanken Herrn mit brauner Lederjacke zu: „Was machst du denn hier?"

Der antwortet auf die fast vorwurfsvolle Frage zurückhaltend: „Die haben mich auch vorgeladen." Etwas überrumpelt von der Situation und sichtlich irritiert, beginnen zwei Menschen, die einmal das Leben miteinander teilten, sich vielleicht liebten, eine Konversation. Der smarte Herr mit der Lederjacke ist Paul V., der ehemalige Ehemann der Angeklagten.

Aus dem sich entspinnenden, recht belanglosen Wortwechsel der beiden dringt ein Satz zu mir: „Na Hauptsache, dem Jungen geht's gut." Aus diesem Satz klingt eine Besorgnis, die man Urda P. nach Kenntnis der Lage eigentlich nicht zutraut.

Rückblick: Am 17. Juli 1998 hat Paul V. auf der Autobahn einen schweren Unfall, verursacht durch einen hinter ihm fahrenden LKW mit Bremsdefekt, der auf ihn auffährt. Sohn Frank, der am Tag zuvor noch seinen vierten Geburtstag gefeiert hat, fährt im Wagen mit und entgeht nur knapp dem Tod. Heute, sieben Jahre später, ist Frank körperlich wieder hergestellt. Aber zurückgebliebene Hirnschädigungen sind Ursache dafür, dass er ein Förderzentrum für geistig behinderte Menschen besucht.

Vielleicht als Folge des Unfalls und des in Verbindung damit zerstörten Familienlebens geht auch die Ehe von Urda und Paul V. in die Brüche. Die Regelung um die Zahlung der Versicherungssumme für den verunglückten Frank V. überschneidet sich mit der Scheidung der Eheleute. Das Geld wird dem Vater des kleinen Jungen zugesprochen. 440.000 DM zahlt die Versicherung des Unfallverursachers für Frank V., der aufgrund des Unfalls für den Rest seines Lebens geschädigt ist. Die erkleckliche Summe, von der Vater Paul V. sagt: „Davon hätten wir fürs Leben satt sein können.", fließt auf das Konto von Urda P.

Schüchtern sitzt Urda P. am 11. August 2005 vor dem Amtsrichter. „Tut mir leid, so wie das Geld kam, war es auch wieder weg", sagt sie. Verantwortung fühlt die Mutter noch heute nicht. Nein, sie könne auch gegenwärtig keine Unterhaltszahlungen leisten, denn sie verdiene ja nur 930 Euro im Monat.

Dann folgen die Fragen des Richters, wo denn das viele Geld geblieben sei. Urda P. sagt: „Weiß ich nicht." Nach detaillierter Aufrechnung durch den Richter – angebliche Darlehen an Verwandte, Schenkung einer Summe von 57.000 Euro an den neuen Freund – ist auch nicht mehr zu hören als „Ich weiß es wirklich nicht." Als der Vorsitzende Richter der Angeklagten etwas nachdrücklicher vorwirft: „Sie hätten doch wenigstens Unterhalt zahlen müssen!", haucht sie ein dünnes „Ja" in den Saal.

Urda P. ist jedoch geständig, und sie ist ja auch nicht vorbestraft. Das Urteil für die pflichtvergessene Mutter lautet: Freiheitsstrafe von zehn Monaten, ausgesetzt auf eine Bewährung von drei Jahren. Daneben wird Urda P. dazu verurteilt, monatlich mindestens 100 Euro Unterhalt für ihren Sohn zu zahlen und die Zahlung vierteljährlich dem Gericht nachzuweisen.

Der Vorsitzende Richter macht in seiner Urteilsbegründung keinen Hehl aus seiner persönlichen Meinung. Er nennt es eine „himmelschreiende Ungerechtigkeit", die sich die Angeklagte geleistet hätte. Dem eigenen behinderten Kind das Vermögen vorzuenthalten! Das sei der gravierendste Fall von Vermögensdelikt, der ihm in seiner Laufbahn als Richter am Amtsgericht untergekommen sei.

Sexualdelikt:
„Hurra, wir haben gewonnen! Gute Arbeit!"

Zu sechs Monaten Haft wurde die dreifache, alleinstehende Mutter Sonja S. (34) verurteilt, die dem Werben eines knapp 13-jährigen verliebten Jungen nachgab. Unter den entsetzten Augen der Mutter des Jungen griffen sich beide, benebelt vom Alkohol, in einer lauen Sommernacht am Meer gegenseitig in die Hose. Strafbar nach § 176, Abs. 1 des StGB, der sexuelle Handlungen mit Personen unter 14 Jahren mit Freiheitsstrafen von sechs Monaten bis zu zehn Jahren ahndet.

Alina B. (31) und Sonja S. (34) sind Nachbarinnen. Beide arbeiten als Pflegerinnen in der Altenpflege, sind alleinstehend und haben je drei Kinder. Sie sind gute Bekannte, fast Freundinnen. Alina B. jedoch hat Probleme mit ihrem Sohn Tim S. (12). Die Respektlosigkeiten, die er gegen sie auch vor anderen Personen zeigt, sind kränkend und beschämend zugleich.

Tim S. weicht der Autorität seiner Mutter gern in den Haushalt von Sonja S. aus, in der auch der ehemalige Partner von Alina B. ein und aus geht. Tim S. verliebt sich in die resolut mütterliche Sonja S. und wirft ihr Liebesbriefe in den Hausbriefkasten.

Im Sommer 2003 fahren die beiden Frauen gemeinsam mit den sechs Kindern nach Kołobrzeg (Kolberg) an die Ostsee in den Urlaub. Der 21. Juli 2003 ist ein ganz besonderer Tag. Alina B. hat Geburtstag. Die Urlauber gehen in ein Restaurant, essen, trinken einiges, sind ausgelassen und haben sich vorgenommen, am Strand zu übernachten. Auch der ehemalige Partner von Alina B. ist dabei.

Gegen zwei Uhr nachts sind die Kleinen eingeschlafen. In der Zwischenzeit fließt weiter Alkohol, und auch Tim S. darf mit Erlaubnis seiner Mutter Bier trinken. Alina B. sitzt allein. Ihr ehemaliger Freund und Tim S. kuscheln sich an die heute Angeklagte. Plötzlich sieht Alina B., wie ihr Sohn und ihre Freundin sich gegenseitig in die Hose fassen. Sie nimmt Sonja S. empört zur Seite. Doch die versteht ihre Aufregung nicht. „Tim ist in der Pubertät. Ich helfe ihm doch nur", soll sie, so Alina B., geantwortet haben.

Als ihr Sohn in Berlin weiterhin mehr bei Sonja S. ist als bei ihr, entschließt sich die Mutter Ende 2003 schließlich zu einer Anzeige. Am 28. November 2005, mehr als zwei Jahre nach den Vorkommnissen, wird die Anklage zur Verhandlung zugelassen.

Auf dem Flur des Amtsgerichts ist am Tag der Hauptverhandlung ein wütender Tim S. zu erleben. Der jetzt bereits 15-Jährige beschimpft seine Mutter: „Ohne dich wären wir gar nicht hier! Das hätte man doch so regeln können!" Kurz darauf herrscht er sie an: „Halt's Maul, ich unterhalte mich gerade!"

Die Angeklagte Sonja S., die sensibel wirkt, scheint ruhig und gefasst. Gegenüber der Richterin beteuert sie: „Wir haben nur miteinander herumgetobt und herumgealbert." In einer

Verhandlungspause jedoch zieht sich Sonja S. auf die Toilette zurück. Sie bebt am ganzen Körper und kann kaum die Zigarette halten, die sie sich anzünden will.

Als Tim S. aus dem Prozess-Saal kommt, wo er seine Aussagen unter Ausschluss der Öffentlichkeit gemacht hat, reckt er triumphierend die Faust: „Ja! Sie hat geweint!" Obwohl er zuvor seiner Mutter gegenüber noch aggressiv erklärt hat: „Du hast ja Halluzinationen!", bestätigt er gegenüber dem Gericht den gegenseitigen Griff nach dem Geschlecht. Weiteres sei aber damals und später nicht vorgefallen.

Gegen Sonja S., die ihre Rolle und Verantwortung als erwachsene Frau missversteht und dabei auch das Vertrauen ihrer Freundin Alina B. ausgenutzt hat, ergeht das Urteil einer sechsmonatigen Haftstrafe wegen sexuellen Missbrauchs von Kindern, ausgesetzt auf zwei Jahre zur Bewährung.

Tim S. jubiliert nach der Verhandlung: „Wir haben gewonnen!" Er frohlockt: „Gute Arbeit!" Seine Mutter, Alina B., die im Laufe des Verfahrens vergeblich versucht hatte, ihre Anzeige zurückzuziehen, erwidert jedoch resigniert: „Niemand hat gewonnen." Der Anwalt der Nebenklage dagegen fährt dem Jungen über den Mund: „Sei still, dir war das doch damals auch nicht unangenehm!"

Lange Finger, Unterstellungen, Betrug

Gerichtssoap mit Folgen

Langzeitstudentin Petra K. (37) und Jutta M. (43), gelernte Büroangestellte, arbeiten beide im Großraumbüro eines Callcenters in Berlin–Wedding. Am 6. Juli 2005 zieht Petra K. die Geldkarte ihrer Kollegin aus deren offen stehender Handtasche und versucht noch am selben Tag einige Abhebungen. Dreimal misslingt der Versuch. Dann übergibt Petra K. die EC-Karte der Bürochefin mit der Bemerkung, sie habe die Karte zufällig auf dem Fußboden gefunden. Als Jutta M., am Tag darauf wieder im Besitz ihrer EC-Karte, ihrer Tochter einen Pullover kaufen will, ist die Karte zu ihrer Verwunderung gesperrt. Sie erstattet

Anzeige und lernt ihre Kollegin unverhofft von einer ganz neuen Seite kennen.

Das Erstaunen von Jutta M. ist groß, als sie in der Lichtbilderdatei der Kripo am Tempelhofer Damm Petra K. wiedererkennt. Woran die gescheiterte Diebin nicht gedacht hatte: Ihre Versuche, Geld abzuheben, waren in den Filialen der Sparkasse und der Dresdner Bank von Videokameras gefilmt worden.

Jutta M. sagt, sie habe sich immer gut mit ihrer Kollegin verstanden, die eine freundliche Person sei. Umso erschütterter ist sie, dass Petra K. ausgerechnet bei ihr lange Finger gemacht hat: „Ich fand es gemein, dass sie jemand Bekanntes bestiehlt. Sie weiß, ich bin allein mit meiner Tochter. Das ist nicht so einfach."

Am 6. Oktober 2006 muss sich Petra K. im Amtsgericht Tiergarten wegen Diebstahl und versuchten Computerbetruges verantworten. Eine reumütige Sünderin erwartet man an diesem Tag jedoch vergeblich. Die verhuscht wirkende, magere Friedrichshainerin lässt bereits bei der Feststellung ihrer Personalien einen Wortschwall an Rechtfertigungen und vermeintlichen Richtigstellungen vom Stapel.

Die 37-jährige Angeklagte, die noch immer an ihrer Magisterarbeit bastelt, derzeit jedoch von Arbeitslosengeld II lebt und mit dem Ein-Euro-Job im Callcenter dazuverdient, fühlt sich falsch verstanden. So hat sie dem Gericht schon im Vorab einen Brief geschrieben, in dem sie blumig erklärt, ihre Kollegin habe nur Anzeige erstattet, „um ihre perversen Gelüste, in einer Gerichtssoap die Hauptrolle zu spielen, ausleben zu können".

Ja, sie bereue und entschuldige sich, natürlich. Aber schließlich sei ja niemand zu Schaden gekommen. Vor Gericht verwickelt sich Petra K. rechthaberisch in Widersprüche. Mal hat die EC-Karte einfach so auf der Erde, mal auf dem Schreibtisch gelegen. Als der Richter Petra K. diese und ältere, anders lautende Aussagen vorhält, begehrt sie bockig auf: „Sie müssen meine Antworten schon auch ertragen!"

Schließlich ist es doch um die Langmut des Vorsitzenden Richters geschehen. Er hält Petra K. entnervt vor: „Sie haben ein gestörtes Unrechtsbewusstsein!" Doch keinesfalls um ein letztes Wort verlegen, reckt Petra K. nun erst recht das Kinn vor und erwidert störrisch: „Ganz im Gegenteil!"

Der uneinsichtigen Angeklagten, die in einer seltsam ichbezogenen Welt lebt, nutzen alle Ausflüchte nichts. Der versuchte Computerbetrug ist nachgewiesen, der Diebstahl offensichtlich. Das zu erwartende Strafmaß bewegt sich demzufolge zwischen einer Geldstrafe und einer Freiheitsstrafe von bis zu fünf Jahren. Schließlich bleibt es – Petra K. ist nicht vorbestraft – bei einer Geldstrafe von 90 Tagessätzen à 15 Euro, zahlbar in monatlichen Raten von 250 Euro.

Die Verurteilte zieht, wie nicht anders zu erwarten, unzufrieden und nur mühsam weitere Verteidigungstiraden zurückhaltend, von dannen.

Postmitarbeiterinnen fleddern Briefpost: „Verhältnisse wie in der Karibik"

Acht Monate lang entnahmen zwei an einer Schöneberger Anschriften-Lesemaschine der Deutschen Post AG beschäftigte Frauen den Briefsendungen beigelegtes Geld. Am 30. März 2006 flogen die langjährigen Postmitarbeiterinnen Katrin Sch. (44) und Katrin R. (41) auf. Sie fielen auf einen Fangbrief der Post AG herein. – Die Folgen: Job weg, Rente weg und ein Prozess vor dem Amtsgericht Tiergarten.

Katrin Sch. und Katrin R. sind seit vielen Jahren bei der Deutschen Post AG beschäftigt, als sie auf die Idee kommen, Briefen beigelegte Geldscheine „abzuzweigen". Beide Postmitarbeiterinnen – sie arbeiten Schulter an Schulter an der Anschriften-Lesemaschine in Schöneberg – sind nicht vorbestraft.

Eines Tages wird Katrin Sch. neugierig. Ein geöffneter, leerer Brief in der Fundkiste, eine Nachfrage ohne Antwort. Offenbar gibt es Langfinger bei der Post AG. Warum sollten sie da eigentlich nicht auch …? Im Juli 2006 beginnen die Postkolleginnen, „sporadisch" (sagen sie) Briefe nach lukrativen Beilagen zu durchforsten. Eine öffnet die Briefe, die andere steckt ein. Die gefledderten Briefumschläge werden vernichtet.

Acht Monate treiben die beiden Berliner Postmitarbeiterinnen, ledige Mütter bereits erwachsener Kinder, unbemerkt ihr Unwesen. Bei der Post gehen gehäuft Beschwerden und Nachforschungsanträge ein. Die AG entschließt sich zu einem Fangbrief. Der wird den diebischen Postbeschäftigten schließlich zum Verhängnis.

Am 30. März 2006 fliegt der Coup auf. Das hochnotpeinliche, teils unlautere Kesseltreiben des Arbeitgebers beginnt. An dem kritischen Tag um vier Uhr schnappt die Falle zu. Bereits um acht Uhr haben beide Frauen ein Geständnis abgelegt, die Aufhebungsverträge und die Verzichtserklärung auf die Rentenrückstellung unterschrieben. Auch das Weihnachtsgeld werden sie zurückzahlen. Das war es.

Neun Monate später der Prozess am Amtsgericht Tiergarten. 61 Diebstahlsfälle wirft die Staatsanwaltschaft ihnen vor. Geldsummen zwischen 10 und 400 Euro sollen sie den Briefen entnommen haben – insgesamt 3.765 Euro. Katrin Sch. und Katrin R. sind sichtlich beschämt. Wiederholt erklären sie, wie „wahnsinnig leid" ihnen alles täte und wie bitter sie ihr Vorgehen bereuten.

Katrin R., der plötzlich völlig schleierhaft ist, wie sie zu den Diebstählen kam, hat bereits 2.000 Euro zurückgezahlt. Sie sagt: „Ich habe das Geld im Prinzip nicht gebraucht." Katrin Sch. hingegen ließ die Beute in den Tagesverbrauch einfließen. Auf die Frage des Gerichts bekennt sie: „Ich habe eigentlich alles ausgegeben."

Das Verfahren am 7. Dezember 2006 dauert nicht lange. Die Frauen sind geständig. Von den 61 angeklagten Diebstählen bleiben 57 übrig (in vier weiteren Fällen hat die Post offenbar noch Recherchebedarf). Der Gesamtschaden beträgt 3.590 Euro.

Angesichts des alttestamentlich anmutenden, internen Strafgerichts der Post gegen ihre Mitarbeiterinnen hält sich der Staatsanwalt in der Strafmaßforderung zurück. Er beantragt neun Monate Haft auf Bewährung. Hier liegt, so erklärt er, ein besonders schwerer Fall des Diebstahls vor. Eine Vertrauensstellung ist missbraucht, das Ansehen der Post beschädigt worden. „Verhältnisse wie in der Karibik" seien nicht wünschenswert. Außerdem handele es sich bei den Geschädigten, wie bei der Oma, die ihrem Enkel mal 50 Euro zukommen lassen will, um keine wohlhabenden Leute.

Das Gericht entspricht schließlich dem Antrag der Staatsanwaltschaft. Neun Monate Freiheitsstrafe, ausgesetzt auf drei Jahre Bewährung, lautet das Urteil für die reuigen Gelegenheitsdiebinnen. Gerne teilt man mit dem Staatsanwalt die Erleichterung: „Gott sei Dank sind beide wieder in Stellung." Dass Katrin Sch. und Katrin R. jedoch jetzt im Krankenpflegebereich tätig sind, darf wohl mit gemischten Gefühlen zur Kenntnis genommen werden.

Langfinger bei Karstadt

Am 24. März 2006 wird Christel P. beim Diebstahl von Büchern bei Karstadt an der Hasenheide erwischt. Am Kottbusser Damm stellen zwei Kaufhausdetektive die Wiederholungstäterin, eine kinderlose Erzieherin. Sie halten sie am Arm fest. Doch Christel P. ruft um Hilfe, schlägt um sich und tritt den Leuten vom Sicherheitsdienst gezielt nach dem Geschlecht. Eine Menschenansammlung solidarisiert sich mit der Frau, die Luft wird dünn für die Security-Männer.

Die Liebe zum Buch geht manchmal seltsame Wege. Bisweilen mutiert sie zu einem schnöden Diebstahlsdelikt. Ein Buch wird erobert, um es zu besitzen – es wird kurzerhand gestohlen.

Steffen G. (52) ist Karstadtdetektiv in einer Filiale an der Hasenheide. Er kann von Bücherdieben ein Lied singen. Am 24. März 2006 beobachtete er die kleine, eigentlich sympathisch wirkende junge Frau in der Buchabteilung. Drei Bücher versenkte Christel P. in ihrem kleinen Rucksack und trug sie unbezahlt über die Firmenschwelle.

Eine Woche später das gleiche Spiel. Dieses Mal besteht die Beute aus zwei Büchern, einem Hörbuch und Kalenderbüchern aus der Schreibwarenabteilung. Über Funk erhalten Steffen G. und sein Kollege Ö. die Instruktion, die Bücherdiebin zu stellen.

Das tun sie auch. Am Kottbusser Damm, in Höhe der Nummer 32, sprechen sie die passionierte Bücherfreundin an. Sie weisen sich als Kaufhausdetektive aus. Christel P. verhält sich von Beginn an abweisend und renitent. Dann eskaliert die Situation. Während die Bücherdiebin schließlich wild um sich schlägt, tritt und um Hilfe schreit, verbünden sich die zu Zuschauern gewordenen Passanten mit ihr. Es kommt zu einem Menschenauflauf.

Einige dieser Kreuzberger Fußgänger halten die in Zivil gekleideten Security-Männer für kriminelle Angreifer, andere haben aber auch „null Sympathie" mit den Detektiven. So muss Steffen G., der Hilfe suchend einen Telefonladen betritt, erleben, wie er mit einem mürrischen „Raus aus meinem Laden!" hinauskomplimentiert wird. Ein Radfahrer nimmt, sich spontan mit der jungen Frau solidarisierend, den von Christel P. auf den Boden geworfenen Rucksack mit der Beute an sich und hängt ihn an seinen Lenker.

Zunächst befürchten die Kaufhausdetektive, die Stimmung könnte sich gefährlich gegen sie wenden. Doch dann klicken die Handschellen, und Christel P. gibt sich mit einem resignierten „Ich hör jetzt auf!" geschlagen. Nett, als sei nichts gewesen, will sie nun mit den Männern eine selbst gedrehte „Friedenspfeife" rauchen und erscheint den Wächtern der Karstadt-Waren plötzlich wie verwandelt.

Ein Jahr später, am 30. Mai 2007, muss sich Christel P. vor dem Amtsgericht Moabit wegen ihrer Vergehen verantworten. Die Anklage lautet auf räuberischen Diebstahl und Körperverletzung. Sie kann eine Freiheitsstrafe von bis zu fünf Jahren nach sich ziehen.

Die seit einem Jahr arbeitsuchende Erzieherin erscheint an diesem Tag blass und verunsichert. Immerhin droht bei einer Verurteilung zu einer Geldstrafe von mehr als 90 Tagessätzen ein Eintrag ins Führungszeugnis. Das würde für sie das berufliche Aus bedeuten.

Christel P. ist geständig. Über ihre Rechtsanwältin lässt sie eine Erklärung verlesen. Darin heißt es: „Ich war in Panik, daher trat ich um mich. Die Beute war mir egal." Die Strafverfolgung habe sie sehr mitgenommen; sie habe aus dieser Sache gelernt. Die lange und mit Freude als Erzieherin tätige, kinderlose Frau möchte so bald als möglich wieder in ihrem Beruf arbeiten.

Nachdem Kaufhausdetektiv Steffen G. seine Aussage gemacht hat, folgen die Plädoyers der Staatsanwaltschaft und der Verteidigung, dann das Urteil. Christel P. hat noch einmal Glück. Das Gericht folgt dem Antrag der Staatsanwaltschaft und verurteilt sie wegen zweifachen Diebstahls und Körperverletzung zu einer Geldstrafe von 80 Tagessätzen à 20 Euro, sprich: 1.600 Euro.

Ein teurer „Büchereinkauf", möchte man meinen. Aber die Verurteilte Christel P. strahlt. Einen Eintrag ins Führungszeugnis wird es nicht geben. Zuletzt bekommt Christel P. doch noch einen rhetorischen Dämpfer durch die Vorsitzende Richterin verpasst, die in ihrer Urteilsbegründung erklärt: „Die Körperverletzung finde ich gar nicht so harmlos."

Bei einer erneuten Tat droht Christel P., so führt die Richterin aus, der befürchtete Eintrag ins Führungszeugnis. „Sie verhunzen sich Ihren beruflichen Werdegang", sagt sie und bringt ihr Unverständnis zur Motivlage der Angeklagten zum Ausdruck: „Not kann es nicht gewesen sein. Es gibt so viele Bibliotheken in Berlin." Dann setzt die Vorsitzende Richterin noch einen praktischen Akzent: „Die entliehenen Bücher können sogar verlängert werden!"

Fehlstart ins Leben: „Das Schlimmste sind diese ekelhaften Drogen"

Zwischen Oktober 2005 und Februar 2006 überfällt Sina B. (21) in Hellersdorf ältere Frauen und raubt sie aus. Auch zweier Einbrüche macht sich die ungelernte, arbeitslose Frau schuldig. Die in Karlshorst in einem gut situierten Elternhaus aufgewachsene junge Frau ist drogenabhängig. Ein bis zwei Kügelchen Heroin à vier Euro müssen es jeden Tag sein. Im Mai 2006 droht Sina B. deshalb eine mehrjährige Haftstrafe.

Mit 12 Jahren Stroh und alte Socken geraucht, mit 14 Schnaps getrunken, mit 16 lange Haare getragen, Kiff und allerlei bewusstseinserweiternde Drogen genossen, auf Demos randaliert, mit Mitte 40 Spitzenpolitiker. Zu einer solchen Karriere gehören einige stabile Konstanten, die den meisten Menschen fehlen. Auch Sina B. fehlen sie ganz offensichtlich. Ihre bereits mit 21 Jahren verpfuschte Vita hört sich deshalb so an: Mit 12 Whisky getrunken, mit 16 Cannabis konsumiert, mit 19 Heroin geraucht, mit 21 abhängig und jetzt wegen Beschaffungskriminalität vor dem Berliner Landgericht angeklagt.

Zwischen Oktober 2005 und Januar 2006 überfällt und bestiehlt Sina B. in ihrem Wohnumfeld mehrfach ältere Damen im Alter von 72 bis 85 Jahren. Bei ihren „Raubzügen" in Parks, Verbrauchermärkten und Hauseingängen, bei denen sie es auf die Taschen der Rentnerinnen abgesehen hat, erbeutet sie jeweils Geldsummen in Höhe von 30 bis 75 Euro.

Wegen dieser Delikte kommt sie im Januar 2006 für einen Tag vorläufig in Haft, wird dann aber noch einmal haftverschont. Als Sina B. jedoch kurz darauf in zwei Erdgeschosswohnungen in Oberschöneweide einbricht und von einem Geschädigten gestellt wird, ist es mit der „Schonzeit" vorbei. Seit drei Monaten sitzt sie in der Untersuchungshaft der JVA für Frauen in Lichtenberg.

Am Tag der Hauptverhandlung, dem 15. Mai 2006, ist eine aufgeregte junge Frau zu erleben – schlank, attraktiv, mit halblangem, mittelblondem Haar. Sie trägt eine schwarze Stoffhose, ein graues Leinenhemd und macht, alles in allem, einen gepflegten Eindruck. Sina B. ist geständig und bringt programmgemäß Reue zum Ausdruck.

Mit der Einsicht in ihr Drogenproblem hapert es jedoch. Denn ein Junkie, das will Sina B., die derzeit Psychopharmaka nimmt, auf gar keinen Fall sein. Sie brauche kein Methadon, sagt sie. Und ein bis zwei Kügelchen Heroin à 4 Euro am Tag zu rauchen – was sei das schon? Als Motiv ihrer Taten gibt sie eine finanzielle Notlage an: Das Arbeitsamt hätte ihr die Auszahlungen gesperrt. Dem fügt sie noch die abenteuerlich anmutende Geschichte einer Erpressung durch arabische Männer hinzu.

Dabei stammt Sina B. nicht aus armen oder zerrütteten Verhältnissen. Ihre Mutter ist Ausbildungsleiterin bei einem

Bäckerei- und Konditoreiunternehmen, der Stiefvater Bauunternehmer. Ein eigenes Wohnhaus in Karlshorst rundet den gediegenen Wohlstand ab.

Während jedoch Sinas zwei Jahre ältere Schwester Janine als Handelskauffrau ihren Weg geht, gerät das Nesthäkchen Sina, der Klassenclown ihres Schuljahrgangs, schon früh neben die Spur. Sie verlässt das Gymnasium ohne den Abschluss der 10. Klasse. Die Ausbildung zur Außenhandelskauffrau schließt sie ebenfalls nicht ab. Stattdessen verstrickt Sina sich in Geschichten mit Jungen. Erst ist sie mit einem Ron, dann mit einem Patrick lose liiert – beide haben Drogenprobleme.

Vergeblich versucht die Mutter, die ihr immer wieder mal 15 Euro zusteckt oder für akute Außenstände aufkommt, auf sie Einfluss zu nehmen. Zweimal beginnt Sina B. „Mama zuliebe" einen Entzug. Zweimal bricht sie ihn mit Ausreden ab.

Trotzdem hat Sinas Mutter ihre Tochter noch nicht aufgegeben. In einem Brief an sie schreibt sie: „Das Schlimmste sind diese ekelhaften Drogen. Das Beste wäre eine Langzeitdrogentherapie." Weiter heißt es darin: „Ich könnte dir helfen. Komm wieder klar. Ich habe dich lieb. Mama".

Aber der zur Begutachtung der Angeklagten bestellte psychiatrische Sachverständige Christian W. (45) sieht keinen Sinn darin, Sina B. in einer Entziehungsanstalt unterzubringen. Denn die notwendige Einsicht zu einer Drogentherapie ist bei Sina B., so der Experte, nicht vorhanden. Zudem merkt der Gutachter an „… gibt es keine spezifischen Frauenentzugsanstalten. Dort sind auch Frauen mit schweren psychischen Störungen untergebracht."

Die Strafkammer entscheidet sich schließlich am 7. Juni 2006 in ihrem Urteil für eine Haftstrafe von drei Jahren und ordnet Sina B.s Unterbringung in einem psychiatrischen Krankenhaus des Maßregelvollzugs an.

Politisches

Protest ja, aber vernünftig!

Am 15. Januar 2004 kommt es während einer Plenarsitzung des Berliner Abgeordnetenhauses zu einem Zwischenfall. Protestierende Studenten, darunter die 21-jährige Lena S. aus Baden-Württemberg, werfen Flugblätter, entrollen Plakate. Es geht um die geplanten Kürzungen im Umfang von 75 Millionen Euro an den Berliner Universitäten, die auch in der „Aktuellen Stunde" des Plenums thematisiert werden sollen. 60 Sekunden dauert die Aktion, drei Minuten ist Parlamentspräsident Walter Momper in seiner Rede gestört. Nun steht Lena S. vor Gericht und muss einen Eintrag ins Vorstrafenregister fürchten.

Als am 15. Januar 2004 die 43. Plenarsitzung des Berliner Abgeordnetenhauses stattfindet, protestieren mehrere Hundert Studenten vor dessen Bannmeile. Es geht um die geplanten Kürzungen an Berliner Universitäten. 75 Millionen Euro stehen auf dem Spiel. Eine einsame Mahnwache von Studenten friert sich bereits seit November 2003 vor dem Roten Rathaus die Lippen blau. Ohne nennenswertes Ergebnis.

Die Vollversammlung aller Berliner Parlamentarier findet vierzehntäglich in öffentlicher Sitzung statt. Einer der Studenten kommt auf die Idee, die Tagung, in deren „Aktueller Stunde" auch der Haushaltsplan 2004/05 zur Diskussion steht, in einer plötzlichen Aktion zu stören. Mehrere Studenten – darunter Lena S. – passieren, mit Plakaten und Flugblättern ausgerüstet und von Empörung angetrieben, ungehindert den Eingang zum Plenarsaal.

Mit der freundlichen Karin B. vom Besucherdienst des Berliner Abgeordnetenhauses spricht vorsorglich, um die Aktion nicht zu gefährden, keiner der Studenten. Sie verzichten vorsätzlich auf die nützlichen Tipps – nicht nur zu reservierten Plätzen und zur Tagesordnung, sondern auch auf Hinweise zur Benimm- und Hausordnung.

Geschah es nun in der Fragestunde um die Zukunft des Sozialtickets, die zunehmenden Bürgerbeschwerden über Zustände in der Vivantes GmbH, in der aktuellen Fragestunde zum Schicksal des Studentendorfes Schlachtensee oder zur Freigabe von Cannabis – um 14:30 Uhr jedenfalls entrollten die Studenten auf ein geheimes Zeichen hin ihre Plakate von den Zuschauerrängen aus und warfen Flugblätter mit dem Ziel, sich Aufmerksamkeit zu verschaffen.

Die Aktion dauerte nicht länger als 60 Sekunden. Denn wie ein Mann stand plötzlich die Hälfte der Plenarsitzungsbesucher, sich damit als Sicherheitsbeamte enttarnend, von ihren Bänken auf, stürzte sich auf die Jugendlichen und trug diese wortlos hinaus. Lena S. allerdings musste selbst laufen. Sie sagt: „Ich wurde von den Sicherheitsbeamten übersehen."

Drei Minuten hält der Zwischenfall Parlamentspräsident Walter Momper, der gerade das Wort hat, von der Tagesordnung ab. Dann kann die Sitzung, die noch bis 21 Uhr fortdauert, routinemäßig weitergehen.

Am 10. Februar 2005 steht Lena S. vor Gericht. Eine junge Geschichtsstudentin, die später Journalistin werden möchte und seit anderthalb Jahren in Berlin lebt. Die Anklage lautet: „Störung der Tätigkeit eines Gesetzgebungsorgans", §106b StGB, der – bei Verstoß – Freiheitsstrafen von bis zu einem Jahr oder Geldstrafen vorsieht.

Doch nicht ein einziger verirrter Zuschauer taucht zu diesem Gerichtstermin auf. Nur die Presse, vielleicht in Erwartung frech solidarischer Studentenpose, ist mit allen üblichen Vertretern erschienen. Aber niemand entrollt ein Plakat. Niemand protestiert. Jetzt geht es nur noch um die nackte Haut. Jeder kämpft für sich allein.

Die Beweislast ist erdrückend. Es existiert ein Video, das die Vorgänge vom 15. Januar 2004 dokumentiert. Ein Sicherheitsbeamter ist als Zeuge geladen.

Lena S. gesteht: „Ich habe nicht mit diesen Konsequenzen gerechnet. Höchstens mit einem Hausverbot." Auch wollte sie nicht den Parlamentspräsidenten Walter Momper in der Rede stören.

„Ja, was machen wir denn nun?", fragt der Vorsitzende Richter väterlich und fügt in vorwurfsvollem Ton hinzu: „Selbstverständlich haben Sie die Möglichkeit, Ihre Meinung kundzutun. Aber doch in einem gewissen gesetzlichen Rahmen." Den gibt die Hausordnung des Abgeordnetenhauses vor, die das ungestörte Arbeiten des Parlamentes gewährleisten soll. Darin sind unter anderem Beifalls- und Unmutsbezeugungen von den Zuschauerrängen untersagt.

Zu einer Verurteilung von Lena S. und dem befürchteten Eintrag ins Vorstrafenregister kommt es schließlich nicht. Strafkammer, Staatsanwalt und Angeklagte einigen sich auf die Einstellung des Verfahrens gegen eine Auflage: Lena S. hat 100 Euro an die Integrationshilfe Berlin e.V. zu zahlen, einem Verein, der straffällig gewordene Jugendliche mit Migrationshintergrund unterstützt. Mit dem Satz „Ich nehme an, das war Ihnen Lehre genug" schickt der Vorsitzende Richter die sichtlich erleichterte Lena S. nach Hause.

Die „Rote Zora" kehrt zurück

Das Kapitel „friendly Stadtguerilla" – „Revolutionäre Zellen" und „Rote Zora" – ist so gut wie abgeschlossen. Anfang Dezember 2006 stellten sich Adrienne G. und ihr Lebenspartner Thomas K. den Karlsruher Behörden. Als ehemalige Aktivisten der „Roten Zora" und der „Revolutionären Zellen" wird ihnen, kurz vor der Verjährung ihrer Straftaten, die Mitgliedschaft in einer terroristischen Vereinigung und Adrienne G. außerdem das versuchte Herbeiführen einer Sprengstoffexplosion in zwei Fällen vorgeworfen.

Fast alle Beteiligten sind eingesammelt. Im Jahre 1987 tauchten nach der groß angelegten BKA-Aktion namens „Zobel" die Aktivisten der „Revolutionären Zellen" und deren feministischer Ableger, die „Rote Zora", vollständig unter. Acht Jahre später, also 1994/95, stellten sich Barbara D., danach Corinna K. – beide ehemals aktiv in der „Roten Zora" – nach aktivem Eingreifen des deutschen Geheimdienstes den hiesigen Strafbehörden.

Barbara D. hielt sich in Nicaragua auf, die ehemalige Bochumer „taz"-Redakteurin Corinna K. zuletzt in Frankreich. Beide Frauen waren zermürbt von der langen Zeit der Illegalität, und die Verjährungsfrist der von ihnen vor 20 Jahren begangenen Straftaten lief ab.

Die „Rote Zora" hatte sich als eigenständige Gruppe in Abstimmung mit den „Revolutionären Zellen" (seit 1973) im Jahre 1977 als deren feministischer Zweig gegründet. Im Mittelpunkt der „Revolutionären Zellen", die sich als militanter Teil der sozialen Bewegung betrachteten, stand während ihrer Hoch-Zeit die Flüchtlingskampagne. Anders als die „Rote Armee Fraktion" (1970 bis 1998), die ihre Ziele bewusst auch über die Auslöschung von Menschenleben zu verwirklichen hoffte – die RAF ermordete 34 Personen –, versuchten die „Revolutionären Zellen" Schaden an Leib und Leben zu vermeiden.

Ausnahmen davon waren die „Knieschüsse" auf Harald Hollenberg, Leiter der Berliner Ausländerbehörde, im Oktober 1986 und auf Günter Korbmacher, Vorsitzender Richter am Bundesverwaltungsgericht, im September 1987 sowie der Tod des hessischen Ministers Heinz-Herbert Karry, der im Mai 1981 durch das geöffnete Schlafzimmerfenster erschossen wurde und zu dem sich die „Revolutionären Zellen" zunächst mit einem Schreiben bekannten, das sie später widerriefen – der Mord konnte nie aufgeklärt werden.

Die Frauen der „Roten Zora" praktizierten Selbstjustiz, wo ihrer Meinung nach die von Männern dominierte Justiz versagte: Frauenhandel, Unterdrückung und Ausbeutung der Frau. Innerhalb von zehn Jahren verübten sie etwa 45 Brand- und Sprengstoffanschläge, 16 davon gemeinsam mit den „Revolutionären Zellen". Jeglicher Personenschaden sollte und wurde von der „Roten Zora" vermieden – wenn auch vielleicht mit etwas Glück, da etliche ihrer Sprengsätze einfach nicht zündeten.

In dem Prozess gegen Adrienne G. (58), der am 11. April 2007 begann, wurde ihr vorgeworfen, als Mitglied der „Roten Zora" an zwei Sprengstoffanschlägen im Juni 1987 auf eine Filiale des Textilkonzerns Adler bei Aschaffenburg aktiv beteiligt gewesen zu sein – ein Anschlag auf einen Konzern, der die Textilfabrik „Fashion Flair" in Südkorea betrieb und Arbeiterinnen entließ, die für bessere Arbeitsbedingungen gestreikt hatten. Der Sprengsatz zündete nicht, der Konzern stellte die Arbeiterinnen jedoch wieder ein. Auch der Anschlag im Oktober 1987 auf ein Dahlemer gentechnisches Institut, das zur Schering-Gruppe gehörte, misslang. Wieder versagte der Sprengsatz.

Adrienne G., eine studierte Lehrerin, die nach Vermittlung des Arbeitsamtes Funkelektronikerin lernte, soll beide Male den als Zündzeitverzögerer eingebauten Wecker besorgt haben. Beim Erwerb der mit vierstelligen Nummern geprägten Wecker bei der Firma Bolland wurde sie zwei Tage vor dem Anschlag auf das gentechnische Institut von Videokameras gefilmt.

Die Tochter aus gutem Haus – Vater Architekt, Mutter Hausfrau – bestreitet die Vorwürfe am 11. April 2007 nicht. Ja, lässt sie durch ihre Rechtsanwältin Edith L. wissen, sie war an den besagten Anschlägen beteiligt und sie habe auch die hierzu benötigten Wecker der Marke „Emes Sonochrom" besorgt. Sie sei damals von der Richtigkeit ihres Handelns überzeugt gewesen.

Angesichts einer weitgehend befriedigenden Aufklärungsbilanz in Sachen „Revolutionäre Zellen" und „Rote Zora", inzwischen eingetretener Verjährungsfristen und derweil ins

Land gegangener Jahre hielt sich das weitere Aufklärungsinteresse der Ermittlungsbehörden in Grenzen. Viel Neues oder Erhellendes war im Verfahren G. nicht zu hören.

Adrienne G. wurde mit Urteil vom 16.4.2007 zu einer zweijährigen Haftstrafe auf Bewährung verurteilt. Eine letzte „Zora"-Aktivistin wird noch immer mit Haftbefehl gesucht.

Betrügerisch und untreu

Sexmeile Oranienburger – Abzocke am Bordstein

Im Mai und September 2004 ließen sich die Informatiker Daniel P. (26), Wilko T. (21) und ein weiterer Freier an der Oranienburger Straße kräftig ausnehmen. Weil ihnen das nötige Kleingeld fehlte, überließen die betrunkenen Männer einem im Team arbeitenden Hurenduo ihre Geldkarte samt PIN. Die Folge: Von den Konten gingen erheblich höhere Summen als das vereinbarte Honorar ab. Lea V. (24), die im vergangenen Jahr bereits einschlägig zu einer Geldstrafe verurteilt worden war, geriet ins Blickfeld der Ermittlungen, weil alle drei Betrugsopfer die Prostituierte in der Kartei des Erkennungsdienstes wiedererkannten. Lea V., heute Kellnerin, streitet die Vorwürfe jedoch ab. Die solariumgebräunte Dame mit dem rosafarbenen Handtäschchen ist angeblich nicht mehr im

Milieu. Sie flötet: „Ich habe mit diesen Leuten nichts mehr zu tun. Ich mache eine Therapie."

Am 1. Januar 2002 trat in der Bundesrepublik das Prostitutionsgesetz mit seinen drei Paragrafen in Kraft. Darin ist die rechtliche Stellung der Prostitution nunmehr als Dienstleistung geregelt. Aber obwohl damit zivil- und strafrechtlich Meilensteine gesetzt worden sind, tut sich „das älteste Gewerbe der Welt" noch immer schwer, aus dem Schmuddelmilieu und dem kriminellen Dunstkreis zu treten. Schuld daran sind nicht zuletzt behördliche Fallstricke und Finessen. Noch immer gibt es kaum saubere Arbeitsverträge, und wenn, dann nur im Niedriglohnsektor. Aber immerhin, zahlungsunwillige Freier können seit 2002 juristisch belangt werden.

Die Nachfrage nach sexuellen Leistungen ist unvermindert groß. Schenkt man einem der Zuhörer des Prozesses Glauben, scheint der „Bordsteinservice" geradezu ein Volksbedürfnis zu sein. „Ich kenne keinen Mann, der nicht zu Huren geht – außer mir und meinem Freund", ist ein gängiger Satz. Angesichts dieser „drängenden Lage" und der anhaltenden behördlichen Ignoranz nimmt der vorherrschende, rüde Ton am Arbeitsplatz der Huren nicht Wunder.

Und es überrascht sicher auch nicht, dass sich die Damen vom Fach revanchieren, indem sie den Kunden so tief wie möglich in die Tasche greifen. Kräftig vergriffen hat sich allerdings Lea V., die im Sommer 2004 noch geschäftlich auf der Oranienburger Straße aktiv war. Sie erschien im Amtsgericht mit ihrem Rechtsanwalt Robert U.

Die Geschäftsidee, betrunkenen Freiern für Sonderleistungen die Kreditkarte samt PIN-Nummer abzunehmen, um damit mehr Geld als vereinbart abzuheben, scheiterte jedoch an dem fälschlich vorausgesetzten Schamgefühl der Kunden. Tatsächlich erstatteten die Geprellten, sobald sie das Defizit auf dem Konto bemerkten, sofort Anzeige bei der Polizei.

Bereits im vergangenen Jahr war Lea V. deshalb wegen ihrer Geschäftsmethoden zu einer Geldstrafe verurteilt worden. Am 24. März 2005 sollte es nun eine weitere Verhandlung geben. Zur Debatte standen die Anzeigen dreier Freier vom Mai und September 2004, die Lea V. auf Lichtbildern der Polizei erkannt hatten; darunter die Anzeige des Programmierers Wilko T. (21), der erklärte, in der Walpurgisnacht 2004 von der „Kulturbrauerei" herunter an die Oranienburger Straße gekommen zu sein, um sich „eben mal einen blasen zu lassen". Grundpreis: 40 Euro.

Wilko T. sagt: „Ich war gut angetrunken." Von zwei im Team arbeitenden Huren ließ er sich zu weiteren Leistungen überreden. In einem Zimmer in der Chausseestraße fehlte dann allerdings das nötige Kleingeld für den Service „Ausziehen" (50 Euro extra). Gegen eine Vollmacht überließ Wilko T. den Frauen seine Geldkarte und die Geheimnummer. Am nächsten Tag war sein Konto verabredungswidrig um 800 Euro leichter.

Wie IT-Experte und Freier Daniel P. (26) meint auch der geprellte Wilko T. vor Gericht, die Angeklagte wiederzuerkennen. Nach einem kurzen Blickwechsel mit Lea V. sagt er: „Ja, die großen Augen." Der Rechtsanwalt der Angeklagten, Robert U., mahnt den Zeugen: „Auf welcher Skala zwischen eins und zehn glauben Sie denn, Frau V. mit Sicherheit wiederzuerkennen?" „Sieben", entgegnet Wilko T. daraufhin eingeschüchtert. Auch Informatiker Daniel P., der beim Erkennungsdienst unter vielen Fotografien Lea V. herausgefunden hatte, möchte – gedrängt von Rechtsanwalt Robert U. – vor Gericht seine Hand nicht dafür ins Feuer legen.

Der Prozess geht schließlich aus wie das Hornberger Schießen. Weder der Staatsanwalt noch das Gericht hegen den Wunsch, den dritten Angeklagten, der sich übrigens gleich zweimal in Folge ausnehmen ließ, extra nach Berlin zu laden. Die Staatsanwältin erklärt: „Frau V. wurde im letzten Jahr bereits für ein ähnliches Delikt verurteilt. Das lag zeitlich nach den jetzt behandelten Fällen. Die aktuelle Anklage fiele bei einer Gesamtstrafenbildung nicht ins Gewicht." Das in der Beweislage schwierige Verfahren wird schließlich in gegenseitigem Einverständnis aller Verfahrensbeteiligten eingestellt.

Die um ihr Geld betrogenen IT-Fachleute sind irritiert. Dass sie selbst bei einer Verurteilung der betrügerischen Prostituierten ihr Geld nicht automatisch zurückbekommen würden, war ihnen offenbar nicht klar. Und dass der für sie unbefriedigende Ausgang des Verfahrens eine Zivilklage praktisch unmöglich werden lässt, macht sie sprachlos. Die gehörnten Kunden von der Oranienburger Straße müssen jetzt damit leben, dass sie insgesamt circa 5.540 Euro in den Sand gesetzt haben.

Lottobetrug:
„Und Drei mach gleich, so bist du reich"

Mittwoch, 13. August 2003. Glafira S. (51) verfolgt mit wachsender Spannung die Ziehung der Lottozahlen: 3, 6, 9, 18, 27 und 48. Die studierte Linguistin, gebürtige Lettin, jubelt: „Werner, Werner! Ich habe gewonnen!!!" Ihr Mann, Werner S., ein gebürtiger Berliner, steht rauchend in der Küche, als ihn die frohe Botschaft erreicht. 85.110,00 Euro sollen seiner Glafira gehören, die die 13. Gewinnerin der Ziehung ist. Kurz darauf bemerkt er die Diskrepanz zwischen Tippschein und Quittungsblock. Die Zahlen des Tippscheins sind völlig andere: 5,

12, 19, 26, 33, 47. „Was ist da los, Püppi?", fragt er. Und was da los ist, fragen Glafira S. seit sechs Jahren auch wiederholt Vertreter der Justiz, nachdem die Deutsche Klassenlotterie Berlin (DKLB) eine Anzeige wegen Betrugs gegen sie erstattete. Am 5. März 2009 ging das Verfahren gegen die mutmaßliche Lottobetrügerin nach erfolgreicher Berufung in die vorläufig letzte Runde, nun vor einer Kleinen Kammer des Berliner Landgerichts.

Im August 2003 jedenfalls weigert sich Lottoladeneigner Ali N. (56), den Gewinn auszuzahlen. Sein Terminal wirft den Quittungsblock von Glafira S. nicht als Treffer aus. Er empfiehlt seiner Kundin, sich an die DKLB zu wenden. Das müsse sie ja ohnehin, meint Ali N., da er den Gewinn einer so hohen Summe sowieso nicht auszahlen könne.

Im Lottoladen in der Kreuzberger Oranienstraße, nur wenige Häuser von der eigenen Wohnung entfernt, ist Werner S., der die Samstagsziehungen präferiert, Stammkunde. Ali N. erinnert sich: „Der kam immer mit dem Fahrrad." Dieses Mal hat Werner S., der gewöhnlich nur einen Schein pro Woche ausfüllt, wegen des üppigen Jackpots zwei Scheine abgegeben. Glafira S. darf zwar ebenfalls als passioniert, aber eher als Gelegenheitsspielerin bezeichnet werden. Wenn sie einmal tippt, dann mittwochs.

Zwei Tage später kommt Glafira S. wieder in den Lottoladen von Ali N. Sie hat sich an die B.Z.-Rubrik „Klier klärt das" gewandt und übrigens auch schon an einen Rechtsanwalt. Geschminkt und „im Staat" wie zu einer Feier, so Ali N., taucht Glafira S. mit Mann Werner und einem Fotografen der B.Z. im Schlepptau auf, um ihrer Forderung Nachdruck zu verleihen.

Später erscheint Glafira S. in dieser Formation auch in der DKLB in der Brandenburgischen Straße. Doch hier stößt die vermeintliche 13. Lottogewinnerin der Mittwochsziehung auf

Granit. „Richtig", so der Leiter Kundenservice und der Abteilungsleiter EDV, „Tippschein und Quittung stimmen bis auf die strittige Zahlenreihe überein, und der Tippschein wirkt ‚sauber', nicht manipuliert."

Mit Erklärungen zu diesem „Wunder" halten sie sich jedoch zurück. Die Herren tuscheln, nehmen Kopien der Belege, kündigen eine Prüfung des Terminals der Lottofiliale an, lehnen aber die Bitte der vermeintlichen Gewinnerin, bei dieser Überprüfung anwesend sein zu dürfen, ab. Offenbar Geheimsache.

Nach einer internen Prüfung des Lottoterminals am 18. August 2003 kommt die DKLB zu dem Schluss: Das Gerät arbeitet fehlerfrei. Der strittige Schein muss ihrer Ansicht nach kopiert, der dritte Tipp im Nachhinein, erst nach Ziehung, ausgefüllt worden sein. Die DKLB erstattet Anzeige gegen Glafira S., die weiterhin hartnäckig ihren Gewinn einfordert. Das eingezogene Terminal, ein wichtiges Beweismittel, lässt die Lottogesellschaft seltsamerweise drei Wochen später generalüberholen und gibt es einen Monat später wieder in Umlauf.

Der Strafbefehl gegen Glafira und Werner S. vom 26. August 2004, also ein Jahr später, lautet auf „gemeinschaftlich versuchten Betrug" und bezieht Werner S. in die Lottoquerele mit ein. Doch das Ehepaar widerspricht dem Strafbefehl. Ein knappes Jahr später kommt es zum Prozess vor dem Amtsgericht Tiergarten gegen Glafira S.; ihr Mann Werner ist in der Zwischenzeit verstorben.

Zweieinhalb Jahre dauert das Verfahren, in dessen Folge Glafira S. schließlich doch bestraft wird. Am 24. September 2007 verurteilt das Amtsgericht Tiergarten sie zu einer Geldstrafe von 4.000 Euro. Nachdem die unglückliche 13. Gewinnerin in Berufung geht, steht sie nun erneut vor Gericht. Vor Prozessbeginn erklärt Glafira S. auf dem Flur aufgeregt: „Die Wahrheit wird ans Licht kommen."

Doch allzu großen Hoffnungen, so zeigt sich bald, darf sich Glafira S. wohl auch dieses Mal nicht hingeben. Der Vorsitzende Richter gibt deutlich zu verstehen, dass die Erfolgsaussichten für die Angeklagte „nicht gut" sind. Das Urteil aus dem Jahr 2007 scheint ihm „schlüssig" und „überzeugend". „Daran kommen wir nicht vorbei", sagt er. Er bietet Glafira S. einen „deutlichen Strafabschlag" an, 30%, sofern sie den Schuldspruch akzeptiert.

Der sich bereits unwillig auf dem Stuhl windenden Angeklagten verdeutlicht der Richter: „Sie müssen ja kein umfangreiches Geständnis ablegen. Sie sollen nur sagen: ‚Ich möchte eine geringere Strafe.'" Bei einer erneuten Verurteilung, droht er Glafira S., müsste sie mit einem Eintrag ins Führungszeugnis rechnen.

Doch die bislang unbescholtene Akademikerin bleibt stur. Die Beweisaufnahme wird eröffnet. Aufgeregt und in holprigem Deutsch berichtet Glafira S. nun zum x-ten Mal, wie sie als 13. Lottogewinnerin in Schwierigkeiten kam. Sie erklärt den ungeduldigen Juristen auch die Wahl ihrer Siegerzahlen; und das hört sich nachvollziehbar an: ihr Geburtsdatum, „systemisch-philosophisch" bearbeitet mit der Zahl 3 – denn, so erklärt Glafira S., im Hexeneinmaleins von Johann W. von Goethe heißt es: „Und Drei mach gleich, so bist du reich."

Doch dass das Terminal, das den Gewinnertipp einlas, am 12. August 2003 defekt gewesen sei, damit stößt die Angeklagte auf ungläubige Ohren: Dass ein vertikal abtastendes Gerät eine 100%ige Fehlerquote in der Waagerechten verursacht, klingt wenig plausibel – auch bei aller Hitze- und Staubeinwirkung, die Glafira S. geltend macht.

Andererseits konnte das Terminal schon im ersten Verfahren nicht als Beweismittel herangezogen werden, weil die DKLB den Apparat drei Wochen nach Anzeige hatte generalüberholen lassen. Und tatsächlich berichtete der Lottoladenbetreiber Ali N.

entgegen anders lautenden Aussagen der DKLB-Mitarbeiter, dass das Terminal zuletzt schlecht lief und deshalb ständig Reparaturen notwendig waren.

Trotz eindringlichen Mahnens des Vorsitzenden Richters und freundlicher Kompromissvorschläge beharrt Glafira S. noch einmal auf einer umfangreichen Beweisaufnahme. Aber auch dieses Mal spricht sie die Strafkammer schuldig und verurteilt sie wegen versuchten Betrugs zu einer Geldstrafe von 3.960 Euro.

Glafira S. hat noch nicht aufgegeben. Wie von der Kanzlei B. zu erfahren war, bemüht sie nun die nächste Instanz: das Berliner Kammergericht.

Das betrogene Sozialamt

Endlich erledigt ist nun auch der peinliche Prozess gegen Milla F. (45) wegen Betrugs. Peinlich für die Tochter des Berliner Filmproduzenten Arne F., die zwischen 1994 und 1997 in circa 240 Fällen Heimunterbringungskosten für bosnische Kriegsflüchtlinge vom Bezirksamt kassierte, eine Heimunterbringung aber gar nicht gewährleisten konnte. Peinlich aber auch die Reaktion der Öffentlichkeit, die ihre Ansichten über diesen Prozess in einer Serie von Vorverurteilungen der bekannten Familie F. zum Ausdruck brachte.

1999 veröffentlichte das Magazin Focus eine angebliche Enthüllungsgeschichte, die Ella F., die Ehefrau des Filmproduzenten, der Kooperation mit dem Ministerium für Staatssicherheit der DDR und mit dem russischen Geheimdienst im Zusammenhang mit Kunstschmuggel bezichtigte. Gewinne aus

Geschäften mit der Sowjetmafia habe sie angeblich in Sexclubs und Pornoläden investiert.

Bevor sich herausstellte, dass eine Verwechslung mit einer anderen Person vorlag, war der Ruf der Familie, vor allem aber der von Arne und Ella F., bereits schwer beschädigt.

Zu weiteren „Sensationen" quollen im Sommer 1999 eine angebliche Entführungsgeschichte um die Enkelin von Arne F. sowie die Ermittlungen der Staatsanwaltschaft gegen Tochter Milla F. wegen Betrugs auf. Der Filmproduzent stellte sich in beiden Fällen vor seine Familie. Die Ermittlungen der Berliner Staatsanwaltschaft im Fall Milla F. stießen jedoch nach vielem Rauch schließlich auch auf Feuer.

Milla F. gründete im September 1993 mit zwei Geschäftsfreunden eine Gesellschaft bürgerlichen Rechts (GbR) zur Unterbringung bosnischer Kriegsflüchtlinge. Die Geschäftsidee verhieß sicheres Geld vom Bezirksamt. Als das in Berlin Tiergarten gegründete Kriegsflüchtlingswohnheim voll belegt ist, mietet die gelernte Kauffrau mindestens 40 Wohnungen in den Stadtbezirken Schöneberg, Tiergarten, Kreuzberg und Moabit zur Weitervermietung an.

Allerdings sieht das Asylgesetz in der damals gültigen Fassung eine Unterbringung in Wohnungen nicht vor. Um dennoch die vom Sozialamt gezahlten Tagessätze zu erhalten, fälscht Milla F. die behördlichen Formulare und trägt für ihre bosnischen Schützlinge das Wohnheim in Tiergarten als Wohnsitz ein. Gestempelt und beglaubigt mit „Beherbergungsbetrieb B.-R.".

Insgesamt hat das Bezirksamt circa 542.250 Euro an die GbR ausgezahlt – eine Summe, um die die öffentliche Hand sich nun betrogen sieht. Als das Geschäft auffliegt, erklärt sich Milla F. gegenüber den Ermittlern als arbeits- und völlig mittellos. Gerade einmal eine altersschwache Perserkatze im Wert von

255 Euro, ein Damenarmband und 102 Euro Bargeld deklariert sie als ihr Eigentum von Wert.

Tatsächlich führte Milla F. jedoch neben dem Flüchtlingswohnheim in Tiergarten weitere Gewerbebetriebe. Sie verfügte über drei Bankkonten und besaß neben einem Maserati und einem Daimler Benz 500 SE drei weitere Fahrzeuge. Die Armutsmär begründet daher eine eidesstattliche Falschaussage, die am 15. Oktober 2004 vor Gericht in die Anklage einfließt.

Die Geschäftsfrau ist jedoch nicht gewillt, einen Cent mehr als nötig aus der Hand zu geben. Noch am letzten Prozesstag erklärt die Prominententochter, derzeit als Sachbearbeiterin monatlich lediglich 1.094 Euro netto zu verdienen. Auch von Tateinsicht ist keine Spur. Durch ihren Anwalt lässt Milla F. das Gericht wissen, dass sie sich eines Betrugs auch jetzt nicht bewusst sei.

Nach hartem Ringen mit der Staatsanwaltschaft, die einen „spürbaren Nachteil" für die Angeklagte, einen „namhaften Betrag" und Bewährungsauflagen fordert, lautet das Urteil des Gerichts: zwei Jahre Haft, ausgesetzt auf drei Jahre zur Bewährung. Milla F. hat zudem eine Zahlung von 30.000 Euro an die Berliner Landeskasse zu leisten – ein Drittel davon innerhalb des nächsten halben Jahres.

Milla F. bestätigt anstandslos die Bewährungsstrafe mit Auflagen, die sie vor einer Haft bewahrt. Das Urteil ist damit rechtskräftig.

Kaufmännischer Amoklauf – ein betrügerisches Kreditballett

Hannelore F. (52) hat hochfliegende Träume. Im Tourismusgeschäft hofft sie ihr Glück zu machen. Einige gute Würfe mit einem namhaften Versandhaus und einer bekannten Fluggesellschaft, in deren Beirat sie gewählt wurde, sind ihr bereits geglückt. Als sie 2002 richtig durchstarten will, fehlt jedoch das Kapital. Hannelore F. lässt sich auf dubiose Geldbeschaffungsmethoden ein. Das Nachsehen haben ihre Banken mit 900.000 Euro offenen Forderungen. Heute sagt Hannelore F.: „Niemand hat mir gesagt, dass das verboten ist." Und: „Schuld sind der 11. September 2001 und die Commerzbank."

Als Hannelore F. 1990 ihr erstes Reisebüro eröffnet, ist die Welt noch in Ordnung. Die Schwerinerin ist studierte Volkswirtin. Sie beginnt ihre berufliche Karriere, wie sie sagt, 1976 in der

Abteilung „unvollendete Erzeugnisse" eines Plastverarbeitungs-
betriebes. Als die DDR 1989 in den letzten Zügen liegt, arbeitet
die ehrgeizige Frau, verheiratet, zwei Kinder, als Geschäftsfüh-
rerin einer Betriebssportgemeinschaft.

Das Ende der DDR gibt Hannelore F. endlich Gelegenheit,
einen lang gehegten Traum zu verwirklichen: Sie belegt ein
Existenzgründerinnen-Seminar, eröffnet ein Reisebüro und
debütiert im Tourismusgeschäft. Hannelore F. erarbeitet für ein
bekanntes Versandhaus einen Deutschlandkatalog; für eine gut
aufgestellte Fluggesellschaft konzipiert sie „Deutschland aus
einer Hand" und verdient sich so ihr erstes Geld.

Beflügelt von diesem Erfolg, will die Geschäftsfrau nun ein
eigenes großes Unternehmen gründen. 1998 legt sie ein Kon-
zept für ihre Aktiengesellschaft (AG) vor: ein auf „Incoming",
Urlaubsgebiete im Inland, ausgerichtetes Tourismusunterneh-
men für Geschäftskunden weltweit, das mit einem Büroteam
von zwei bis drei Personen auskommen soll.

Die Fluggesellschaft überlässt dem jungen Unternehmen
zwar ihr Logo zur freien Verwendung, springt jedoch gleich zu
Beginn als potenzieller Gesellschafter ab. Die Kapitaldecke ist
dünn, Elan und Ehrgeiz sind groß. Im Frühjahr 2001 hat die
AG Anfragen aus aller Welt und berechtigt zu einiger kauf-
männischer Hoffnung. Um das Geschäft auf solide Füße zu
stellen, bringt Hannelore F. das Unternehmen zum Zweck der
Kapital-Akquisition an die Börse. Sieben Millionen Euro soll
das Aktienpaket einbringen. Doch der Plan geht nicht auf: Die
AG leidet alsbald an Kapitalmangel.

Heute gibt Hannelore F. der Katastrophe vom 11. September
2001 und der Commerzbank die Schuld. Hannelore F.: „Der 11.
September hat die Welt verändert." Reisen wurden storniert,
weitere Aufträge blieben aus. Zwar zieht Mitte 2002 das Geschäft plötzlich wieder an, Anfragen kommen herein. Doch es
fehlen die nötigen finanziellen Mittel für Investitionen sowie

Sicherheiten, die die Commerzbank dazu bewegen könnten, mit Hannelore F. eine Kreditlinie zu vereinbaren.

In dieser prekären Lage entdeckt Hannelore F. im Herbst 2002 in der FAZ die Darlehensofferte des Leon B., der sie wiederum an einen gewissen Tim W. weiterleitet. Tim W., der übrigens in der Zwischenzeit ebenfalls wegen Betruges zu einer mehrjährigen Haftstrafe verurteilt worden ist, unterbreitet Hannelore F. einen ganz besonderen Vorschlag zur Kapitalbeschaffung.

Kreditgeber, die er an der Hand hat, versorgen Hannelore F. schnell und kurzfristig mit Geld. Innerhalb einer Frist, in der Regel acht Wochen, zahlt die Kapitalbedürftige die Beträge mit einem Aufschlag von 20% zurück. Das Ganze wird mittels Lastschriftverfahren abgewickelt. Hannelore F.: „Jetzt stand die Ampel auf Grün. Es konnte wieder losgehen."

Aber plötzlich macht die Commerzbank, der die Geldströme, die auf Hannelore F.s Konto massive Belastungen hinterlassen, verdächtig vorkommen, einen Rückzieher. Ein Wirtschaftsprüfer der Commerzbank: „Das machen wir nicht mit. Nicht mit diesen Beträgen." Die Bank befürchtet nicht ohne Grund, auf den Zinsen der Lastschriftzahlungen sitzen zu bleiben.

Hannelore F., die heute sagt: „Ich konnte nicht mehr aufhören.", wechselt die Kreditanstalt. Sie wird Kundin der Badischen Bank, der Hypovereinsbank, der Kreditbank AG, der Dresdner Bank – bis auch diese das Säckchen zumachen und die Lastschriftoption für ihre Kundin stornieren. 900.000 Euro Schaden entstehen den Banken insgesamt, denn während Hannelore F. ihren Verpflichtungen gegenüber den Kreditgebern vollständig nachkommt, lässt sie die Banken auf 70% ihrer Schuld sitzen.

Eine angenehme Chefin war die kleine, spatzenhaft, aber zäh wirkende Hannelore F. bestimmt nicht. Als ihre Buchhalterin, der der Boden unter den Füßen zu heiß wurde, Mitte 2003 die Arbeit niederlegt, verklagt sie diese wegen „Arbeitsverweigerung". Die rücksichtslose Chefin verliert jedoch den Prozess.

Der betrügerische Amoklauf geht in die Endrunde. Hannelore F. weiß nicht mehr, wo ihr der Kopf steht. Die Kreditakquise, Krisengespräche mit den Banken, die Arbeit für die AG halten die überforderte Frau in Atem. Im Oktober 2004 meldet sie endlich Insolvenz an. Doch da ist es bereits zu spät. Nachdem Kreditvermittler S. ins Visier der Ermittler geraten ist, wird auch Hannelore F. am 12. November 2004 verhaftet.

Im Februar 2005 behauptet Hannelore F., die die von den Banken offerierte Option des Lastschriftverfahrens schamlos ausnutzte, vor Gericht: „Niemand hat mir gesagt, dass das strafbar ist." Ihre Geschäftsunterlagen hatte sie vorsorglich vernichtet. Vom Vorsitzenden Richter der Strafkammer nach dem Motiv dafür befragt, erklärt die Angeklagte: „Kennen Sie nicht auch diese Papierflut?"

Die Anklage gegen Hannelore F. lautet auf Betrug. Ihr Rechtsbeistand erklärt zum infrage kommenden Strafmaß: „Die Staatsanwältin wird auf vier Jahre Haft plädieren. Ich erwarte eine Haftstrafe von vielleicht drei Jahren und drei Monaten." Er behielt damit recht.

Dreiste Entmieter erkennen Strafbefehle an: „Es ist ein Unding, so mit Mietern umzugehen!"

Eine ziemlich dreiste und schnelle Entmietung hofften die Hauseigentümer Christa und Knud P. mit Bauleiter Amal L. im Winter 2007 in einem Mietshaus in Friedrichshain zu erreichen. Das damals noch verheiratete Paar P. erwarb die Immobilie mit der in Ost-Berlin üblichen unterdurchschnittlichen Wohnqualität und den annehmbaren Mieten im Juni 2007 günstig auf der Auktion einer Aktiengesellschaft. Es beabsichtigte offenbar, die Mietwohnungen nach Sanierung in Eigentumswohnungen umzuwandeln. Bereits drei Monate nach Erwerb flatterte den Mietern die Information über die Sanierungsabsichten des Ehepaars P. in die Briefkästen. Wenig später begann für die Bewohner des Hauses der Terror.

Am 1. Dezember 2007 stand bereits der Bauzaun. Von zweieinhalb bis drei Jahren Umbau und massiven Beeinträchtigungen war die Rede. Die Neueigentümer boten ihren Mietern Hilfe bei der Wohnungssuche und eine Abfindung in Höhe von 5.000 Euro an, Letzteres allerdings unter der Bedingung, innerhalb von 20 Tagen das Feld zu räumen.

Nur ein Mieter zog tatsächlich aus. Ein anderer Mieter scheiterte mit dem Versuch, die Abfindung auf 10.000 Euro zu erhöhen. Er bleibt. Drei Tage später soll es dann begonnen haben: zunächst mit einem lapidaren Wasserschaden, so Mieter Professor Tim F. Dann werden Fenster eingeworfen, Telefonleitungen zerstört, die Gasleitung demontiert. Mitten im Winter bleiben die Mieter ohne Heizung und Kochmöglichkeit.

Das Schloss an der Hauseingangstür ist am 4. Dezember 2007 plötzlich ausgetauscht, der Vermieter seltsamerweise nicht erreichbar. Die Mieter beheizen ihre Wohnungen mit den zum Glück noch funktionstüchtigen Kachelöfen. Sie gehen zum Duschen ins Fitnesscenter oder ins Schwimmbad und erreichen nur mühsam – über einstweilige Verfügungen – die Besserung der Wohnverhältnisse.

Bereits ein halbes Jahr später inseriert eine Berliner Immobiliengesellschaft für Hauseigner Christa und Knud P. das Mietshaus als „komplett leer" für 990.000 Euro. Auf dem Foto des Inserats ist deutlich der begrünte Balkon des Mieters Simon B. zu erkennen, der bis heute seine Wohnung nicht aufgegeben hat. Er erklärt: „Wenn man eine Woche mit dem Campingkocher dasitzt, dann hat man nicht mehr den Anspruch, dass morgen tapeziert wird." Mieter Professor Tim F. indessen gibt irgendwann genervt auf. Er zieht zunächst zu einer Freundin nach Hamburg, dann in den Berliner Osten, nach Lichtenberg.

Über Weihnachten 2008 bearbeitet Richter Wolfgang K. den Fall, der am Amtsgericht Tiergarten als versuchte Nötigung auf den Tisch kommt. Ein Delikt, das eine Freiheitsstrafe von bis zu drei Jahren oder eine Geldstrafe nach sich zieht. „In einem Anflug von weihnachtlicher Milde", so der Richter später, sei er leider dem Entwurf der Staatsanwaltschaft gefolgt und habe lediglich drei Strafbefehle an die rüden Entmieter ausgereicht.

Christa und Knud P. sowie Amal L. müssen sich wohl sehr sicher gewesen sein, als sie gegen die über die Weihnachtstage ergangenen Strafbefehle Einspruch einlegten. Es ging um Buß-gelder in Höhe von zweimal 3.600 Euro und 1.200 Euro. An-waltlich gut beraten waren sie dabei wahrscheinlich nicht, denn bei der Hauptverhandlung am 26. März 2009 machte der Vorsitzende Richter deutlich: „Freisprüche stehen nach Über-fliegen der Aktenlage nicht ins Haus." Zur Verteidigung der Rechtsordnung seien im Fall der Verurteilung Freiheitsstrafen unabdingbar. Richter Wolfgang K. betonte: „Es ist ein Unding, so mit Mietern umzugehen!"

Fünf Minuten Zeit gab der Amtsrichter den Angeklagten, vor Eröffnung der Beweisaufnahme ihre Widersprüche zurück-zunehmen. Die Staatsanwaltschaft stimmte vorab ebenfalls diesem Kompromiss zu. Fünf Minuten später erklärten sich Christa und Knud P., zwischenzeitlich geschieden, und Mittäter Bauleiter Amal L. einverstanden mit der Verhängung der Strafbefehle.

Allerdings erreichen Christa P., jetzt Empfängerin von Ar-beitslosengeld II, und Amal L., der inzwischen Insolvenz anmelden musste, eine Milderung der Strafe. Zuletzt wird der Strafbefehl für sie auf 30 Tagessätze à 15 Euro (Christa P.) und 60 Tagessätze à 30 Euro (Amal L.) angesetzt. Für Knud P., der weiterhin als Geschäftsführer tätig ist, bleibt es bei 60 Tagessät-zen à 60 Euro.

Bewaffneter Raubüberfall & Co

Drohung gegen die Polizei:
„Meine Rache wird fürchterlich sein!"

Im Sommer 2003 treibt im Stadtbezirk Wedding ein Brandstifter sein nächtliches Unwesen. Zwei Autos, ein Motorroller, zwei Müllbehälter, ein Miet-WC und die Holzhäuser eines Kinderspielplatzes gehen in Flammen auf. Außerdem wird in zwei Wohnhäusern gezündelt. Zeitgleich flattern dem Abschnitt 16 der Polizeidirektion 1, Pankow, unflätige Bekenner- und Drohbriefe ins Haus. Im September 2003 verhaftet die Polizei die 40-jährige, verheiratete Krankenschwester Uschi K., wohnhaft im Wedding.

Im Frühjahr 2003 empfiehlt der Hausarzt von Uschi K. seiner unter Schlaflosigkeit und Kreislaufschwäche leidenden Patientin, häufige Aufenthalte an der frischen Luft und Fahrradfahren. Tatsächlich schwingt sich Uschi K. nun nach der Spätschicht auf ihr Rad, für ein, zwei Stunden Fitness. Sie kurvt einfach nur so herum, um „abzuschalten", wie sie sagt.

Meistens geht es vom Wedding in den Osten. Zwischendurch legt Uschi K. eine Pause ein, trinkt Cola, raucht eine Zigarette. Bald macht sich die große, schlanke, androgyn wirkende Frau den Zivilfahndern verdächtig. Sie wird angehalten, soll sich ausweisen und muss einmal wegen Fahrens ohne Licht eine Geldbuße bezahlen.

Irgendwann wird es der auf autoritären Druck empfindlich reagierenden Uschi K. zu bunt. Sie fühlt sich von den Polizisten des Abschnitts 16 verfolgt, glaubt, diese wollten ihr Verbrechen anhängen. Sie schlägt zurück und beginnt während ihrer nächtlichen Streifzüge ihrerseits die Dienststelle zu observieren.

Das Parkett der strafrechtlich relevanten Welt betritt Uschi K., als sie anfängt, den Polizeiabschnitt 16 mit anonymen Schreiben zu terrorisieren. Um keine Spuren zu hinterlassen, benutzt sie hierbei eine Buchstabenschablone von Karstadt und trägt beim Verfassen der Nachrichten Gummihandschuhe.

In ihren Depeschen heißt es unter anderem: „Hey, ihr Trottel in Uniform, wechselt doch mal eure Autos. Mann, seid ihr doof!" Oder: „Mich kriegt ihr nie, weil ihr so saublöd seid." Sie beschimpft die Polizeibeamten, hält ihnen die mageren Ergebnisse ihrer Observationen vor, bezichtigt sich selbst diverser Brandstiftungen und droht: „Ihr habt euch zu viel erlaubt. Meine Rache wird fürchterlich sein!"

Sie legt Skizzen und Beschreibungen ihrer Straftaten bei und erklärt zu den Brandstiftungen in Reinickendorf im Sommer 2003: „Ein Fall war ich. Mich kriegt ihr nicht. Euer Tod rückt immer näher." Die aufgeklebte Handgranate schneidet sie aus dem Berliner Stadtmagazin TIP aus.

Ein halbes Jahr, nachdem Uschi K. am 17. September 2003 schließlich in der Nähe eines brennenden Hauses verhaftet wird, meldet die Berliner Zeitung: „Serienbrandstifterin angeklagt." Weitere zwei Jahre später steht Uschi K. schließlich vor Gericht. Die Anklage lautet auf Brandstiftung und Bedrohung.

Freitag, 7. April 2006, vor Gericht. Die über 1,80 Meter große, sportlich gekleidete Frau mit kurzem Haarschnitt wirkt weinerlich. Ihre Sprache erscheint infantil und ist durchsetzt von „Ausdrücken". Nach der Verlesung der Klageschrift durch den Staatsanwalt lässt die 40-jährige Angeklagte durch ihren Rechtsanwalt wissen, lediglich für die anonymen Schreiben und das Zerstechen der Reifen von Polizeiwagen verantwortlich zu sein.

Die Straftaten, derer sie sich in ihren Schimpfpamphleten bezichtigt hatte, habe sie nicht begangen: „Damit habe ick nischt zu tun." Die Informationen stammten fast alle aus den Pressemitteilungen der Polizei, die auf deren Homepage frei verfügbar sind.

Larmoyant klagt Uschi K., diese Schreiben aufgesetzt zu haben, „weil sie mich schikaniert haben". Sie sagt: „Ich weiß, das war Scheiße." Und: „Der Knast, das war die Hölle! Ich bin nur noch ein einziges Nervenbündel."

Als Auslöser und Knackpunkt für ihre Entgleisungen benennt Uschi K. ihre 1999 verstorbene Mutter: „Sie sammelte Zeitungsausschnitte mit Polizeimeldungen, stellte es so dar, als ob ich das gewesen wäre, und behauptete, ich wolle sie kaputtmachen und vergiften."

Richter Klaus O. scheint diese Version, nach der aus der Luft gegriffene Fremdbezichtigungen zu latenten Selbstbezichtigungen mutieren, für glaubhaft zu halten. Aber er wendet ein: „Ein Strafzettel ist doch kein Grund, einen Reifen zu zerstechen."

Nach weiteren vier Verhandlungstagen ist sich die Strafkammer sicher: Uschi K. ist weniger gefährlich als gedacht und nicht die Brandstifterin, für die sie zunächst gehalten wurde. Wegen Bedrohung und Beleidigung in sechs Fällen erhält Uschi K. deshalb eine Bewährungsstrafe von einem Jahr, ausgesetzt auf drei Jahre, verbunden mit der Auflage, sich einer Therapie zu unterziehen und diese bei ihrem Bewährungshelfer nachzuweisen.

Unerlaubter Waffenbesitz:
„Die können was erleben!"

Auch geistig behinderte Menschen leben nicht im rechtsfreien Raum. Una C. (40), schwerbehindert, leistete am 6. Mai 2004 Widerstand gegen Vollstreckungsbeamte, verübte Hausfriedensbruch, führte in ihrem Handtäschchen eine Luftdruckpistole der Marke Olympic bei sich und verstieß damit gegen das seit 1. April 2003 geltende Waffengesetz.

„Die werden noch was erleben!", zetert Una C. auf dem Flur vor dem Gerichtssaal 456. Nicht einmal ansatzweise hätte man versucht, sie zu fragen, ob sie behindert sei. Das sei sie nämlich seit 1974, also seit 35 Jahren, und zwar zu 50%.

Am 6. Mai 2004 stürmte eine Polizeieinheit – auf Hinweis ihrer Schwester, so die weitschweifigen Ausführungen von Una C. – ihre Wohnung, die sie mit Lebenspartner Fritz C. (41) teilt, wegen einer Luftdruckpistole, die ihr der 1999 verstorbene Stiefbruder geschenkt hatte. „Woher sollte ich denn wissen, dass man die abgeben muss!", schimpft die aufgebrachte Frau. Schließlich gebe die Polizei die Tauben manchmal zum Abschuss frei.

Dann hätte man ihren Mann im Schlafzimmer eingesperrt. Ihr selbst schlug ein Polizeibeamter des Einsatzkommandos ein Auge blau. Man stieß sie zu Boden und legte ihr unsanft Handschellen an. „Dabei kugelten sie mir fast den Arm aus!", wettert Una C.

Fritz C., jetzt der Ehemann der Beschuldigten, sitzt betreten schweigend daneben, während seine Frau nicht müde wird, ihrer Empörung Luft zu machen. Nur einmal wird er munter und bestätigt: „Stimmt, die haben mich im Schlafzimmer eingesperrt." Dabei hätte er allen Grund, der blühenden Fantasie seiner Gattin Einhalt zu gebieten.

Nach Aufruf der Sache, Verlesung der Anklage und einem letzten Aufbegehren der Angeklagten erscheinen die Vorgänge vom 6. Mai 2004 in einem völlig anderen Licht: Danach war die Neuköllnerin Una C. an diesem Tag zu ihrem damaligen Freund Fritz C. in die gemeinsame Tempelhofer Wohnung gefahren, wo es zu Streitigkeiten kam.

Bei den verbalen Reibereien zeigte sich auch der alkoholkranke Fritz C. nicht von der besten Seite. Zuletzt warf er seine Partnerin sogar aus der Wohnung. Una C., gewillt das Oberwasser zu behalten, verschaffte sich mit Polizeischutz Einlass. Sie gab vor, von ihr dringend benötigte Tabletten holen zu müssen.

„An diesem Tag war ich besonders vergesslich", erklärt Una C. am 18. Mai 2007 dem Gericht. Denn kurz darauf kam es zum „Show Down", als sie unter weiteren Vorwänden noch einmal die Wohnung betreten wollte.

Die eigentlich zu ihrem Schutz herbeigerufene Polizei versucht, Una C. zunächst im Guten, dann auch unter Anwendung von Gewalt auf den Flur zu befördern. Unter lautem Spektakel wehrt sich die Frau, schlägt mit Armen und Beinen um sich und schnappt mit den Zähnen nach den Beamten.

Erst nach einem gezielten Faustschlag in das Gesicht der Randalierenden und erst nachdem Una C. gefesselt auf dem Boden liegt, kehrt endlich Ruhe ein.

Für die Strafkammer stellt sich nun die knifflige Frage: Ist Una C. überhaupt schuldfähig? Und wenn ja, wie kann sie bestraft werden?

Vorsorglich hat das Gericht für den Tag der Hauptverhandlung einen psychiatrischen Gutachter bestellt: Privatdozent Dr. Werner P., Direktor der Klinik für Psychiatrie, Psychotherapie und Psychosomatik im Vivantes Humboldt-Klinikum. Nachdem die Zeugenaussagen der Polizeibeamten gehört worden sind und nachdem Una C. für ihren Gatten erklärt hat: „Mein Mann verweigert die Zeugenaussage!", lässt sich Dr. P. zur Schuldfähigkeit der Angeklagten ein.

Zur Entwicklung und Formung von Una C.s Persönlichkeit führt er stichpunktartig aus: mit 13 Jahren Pflegeheim, Sonderschule bis zur neunten Klasse, keine Drogenabhängigkeit, diverse körperliche Leiden. Bei infantilen Verhaltensweisen und einem unterdurchschnittlichen IQ von 82 bescheinigt Dr. P. der Angeklagten eine „erhebliche Minderung der Schuldfähigkeit".

Das Gericht kommt daraufhin zu folgendem abschließenden Urteil: Wegen Widerstands gegen Vollstreckungsbeamte, Hausfriedensbruchs und unerlaubten Waffenbesitzes wird der bisher nicht vorbestraften Una C. eine Geldstrafe von 900 Euro auferlegt.

Das Abzahlen dürfte dem seit Dezember 2005 vermählten Paar schwerfallen. Denn Una C. bekommt Arbeitslosengeld II in Höhe von 542 Euro (inklusive Zuschüssen), und Fritz C.

erhält eine Erwerbsunfähigkeitsrente von insgesamt 448 Euro. Letzterer tönt vorsorglich schon mal beherzt aus dem Publikumsbereich: „Ham wa nich!" Dafür erntet er einen Rüffel von den Justizbeamten.

Der Vorsitzende Richter bietet Una C. der Form halber alternativ an, gegen das Urteil Revision einzulegen und streckt ihr ein Informationsblatt entgegen. Doch „Revision" – was ist das? Una C. sagt: „Geben Sie her! Ich lass das meinen Betreuer machen. Der kennt sich damit aus."

Mutter und Tochter auf Raubzug

Am 19. Oktober 2004 stürzen zwei bewaffnete, mit schwarzen Strumpfhosen maskierte Frauen in eine Filiale der Handelskette Schlecker im Stadtbezirk Wedding. Überfall. Eine Mitarbeiterin – sie ist im sechsten Monat schwanger – sitzt an der Kasse. Eine weitere steht, die Waren einsortierend, hinter einem Regal neben einer Kundin. „Kasse auf!", befiehlt eine der Räuberinnen. Dann: „Schublade hoch!" Die Verkäuferin hinter dem Regal stößt einen spitzen Schrei aus und lässt den Karton fallen, den sie in der Hand hält. Eine der Maskierten richtet die Pistole auf sie: „Sie bleiben, wo sie sind!" Ein Griff in die Kasse. Ein Hundert- und ein Fünfzig-Euro-Schein wechseln den Besitzer. Dann verschwinden die Eindringlinge. Es dauert nicht länger als eine halbe Minute. Eine anwesende Kundin, die die verschreckte Schlecker-Angestellte nach einer Creme fragt, hat von alledem nichts bemerkt.

Das Ereignis wird am nächsten Tag mit einer Meldung in der B.Z. erwähnt: „Täterinnen entkamen unerkannt." Soweit könnte dieser bewaffnete Überfall ein perfekter sein. Er bliebe es vermutlich bis in alle Zeiten, wären die Täterinnen eiskalte Verbrecherinnen. Doch bereits zwei Tage nach dem Raub im Schlecker-Markt erstattet ein angetrunkener Mann bei der Polizei Anzeige. Es ist Uwe A. (42), der seine Frau Marion R. (36) den Behörden meldet. Kurz darauf zeigt sich die zweite Täterin selbst an: Nadja, die 18-jährige Tochter.

Seit knapp zwei Monaten befindet sich Marion R. wegen Raubüberfalls in Haft. Ihre Tochter, die selbst Mutter eines 19 Monate alten Mädchens ist, bleibt auf freiem Fuß. Am 6. Januar 2005 sitzen eine verheulte, vom Alkoholkonsum gezeichnete, zierliche Blondine, Marion R., und die gefasst wirkende, stille Tochter, Nadja R., vor Gericht. Sie widerrufen ihre Geständnisse.

Wie es zu diesem Raubüberfall kam, ist Mutter und Tochter ein Rätsel. Nadja R. will sich an nichts erinnern: „Mir wurde schwarz vor den Augen, nachdem ich in die Kasse gegriffen hatte." Marion R.: „Es gab keine Absprachen." Warum die Frauen jedoch mit Schreckschusspistole und abgeschnittenen Strumpfhosen im Gepäck um die Häuser zogen, will oder kann auch sie nicht erklären.

Setzt man das Puzzle zusammen, könnte sich der ungewöhnliche Raubzug ungefähr so zugetragen haben: Am Mittag des 19. Oktober 2004 sitzen Marion R. und Nadja R. in der Wohnung der Mutter im Wedding beisammen. Auch Uwe A., der mit seiner Frau in Trennung lebt, hält sich an diesem Mittwoch dort auf. Marion R., seit vier Jahren arbeitslos, eine labile, unter Alkoholproblemen leidende Frau, hat an diesem Tag seit acht Uhr morgens zwei große Bier sowie zwei Korn getrunken. Im Fernsehen läuft eine Gerichtssoap. Man flachst herum, wie es wäre, mal selbst „ein Ding zu drehen".

Nadja R. aber meint es ernst. „Los, Vater, mach mit!", fordert sie ihren Stiefvater auf. Uwe A. lehnt zwar ab, knallt aber eine Schreckschusspistole auf den Tisch: „Wenn ihr überzeugen wollt, müsst ihr DIE mitnehmen." Und er schraubt auch schon mal den Aufsatz für die Silvesterraketen ab, der verharmlosend wirken könnte.

Wenig später sind Tochter und Mutter bereits auf der Suche nach einem geeigneten Objekt. Nadja R. braucht dringend Geld für Windeln. Sie hat Schulden bei der Telekom und traut sich nicht, ohne Geld nach Hause zu kommen. Dass ihr Freund sie dann angeblich schlägt, verscheucht auch bei ihrer Mutter die letzten Bedenken vor einer Straftat.

Denn auch Marion R. blickt auf eine Partnerschaft voller Gewalttätigkeit zurück: „Mein Mann hat mir die Schneidezähne ausgeschlagen." Ihr Verteidiger, Rechtsanwalt B., sagt: „Da hat dann auch mal eine Gabel in der Schulter meiner Mandantin gesteckt." Marion R. will verhindern, dass ihre Tochter das gleiche Schicksal erleidet.

Die Wahl fällt schließlich auf ein Geschäft unweit der eigenen Haustür: eine Schlecker-Filiale. Lange Zeit lungern die Frauen unentschlossen rauchend vor dem Laden herum. „Es sollten keine Kunden drin sein und auf keinen Fall Kinder", erklärt Nadja R. dem Gericht. Dann schlagen sie zu. Von der Beute, 150 Euro, behält Nadja R. 100 Euro. Marion R. kauft sich von „ihren" 50 Euro eine Flasche Selters und zwei Schachteln Zigaretten. Den Rest überlässt sie ihrer Tochter.

Die Folgen dieser „Trau-dich-Unternehmung" sind schwerwiegend – nicht nur strafrechtlich –, denn während des Verfahrens wird auch das Privatleben der Familie R. in aller Öffentlichkeit ausgebreitet. Nadja R. beklagt sich: „Ich habe keine guten Erinnerungen an meine Kindheit. Mein Bruder wurde vorgezogen. Meine Mutter war immer betrunken." „Das ist nicht wahr, das ist nicht wahr!", weint Marion R., während Ex-

Mann in spe Uwe A. geradezu zufrieden konstatiert: „Sie hat die Sache mit dem Überfall ja auch überall rumgetrötet."

Das Urteil schließlich ist bitter: eine Jugendstrafe, sprich zwei Jahre Haft auf Bewährung, für Nadja R., die bislang einen tadellosen Lebenslauf vorzuweisen hat, drei Jahre und sechs Monate Haft dagegen für Mutter Marion R. Ein bewaffneter Überfall bleibt ein bewaffneter Überfall, auch wenn die Waffe nicht geladen ist, führt Richter D. in seiner Urteilsbegründung aus und betont: „Dieser Überfall ist kein Kavaliersdelikt!"

68-Jährige überfällt Berliner Banken

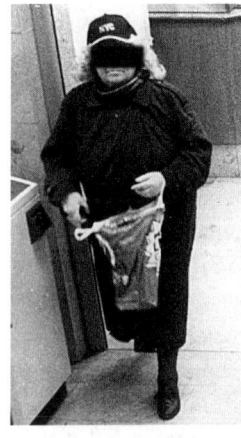

Fahndungsfoto, © Polizei

Gleich zweimal überfiel eine 68-jährige Rentnerin im Jahr 2003 Berliner Bankfilialen. Am 11. März 2003 erbeutete die verkleidete und mit einer ungeladenen Gaspistole bewaffnete Ursel E. in einer Sparkassenfiliale in Pankow rund 8.000 Euro. Sechs Monate später, ein Fahndungsfoto von ihr war bereits in Umlauf, wiederholte sie den Coup in einer Postbankfiliale in Schöneberg, holte sich bei der couragierten Postbankangestellten jedoch eine Abfuhr und zog nach dem Kauf zweier Schnellhefter von dannen. Erst zwei Jahre später wurde Ursel E. verhaftet, als der Wirt eines Lokals, in dem sie gelegentlich speiste, sie auf einem Fahndungsfoto wiedererkannt hatte.

„Ist der Ruf erst ruiniert, lebt sich's doppelt ungeniert", das muss wohl zur ungeschriebenen Maxime der Rentnerin Ursel E. geworden sein, nachdem bei der ehemaligen Justiziarin im März 2003 ein Schuldenberg von mehr als 36.000 Euro aufgelaufen war – bei einer Rente von 895,00 Euro.

Außerdem hatte sie 34.768 Euro zu Unrecht bezogene Leistungen an das Arbeitsamt zurückzuzahlen. Eine Haftstrafe von einem Jahr, ausgesetzt auf drei Jahre Bewährung, hatte ihr dieser Betrug 1997 eingebracht. Eine Bewährung, die sich im August 2000 wegen sechsmaligen Schwarzfahrens um ein weiteres Jahr verlängerte.

Im März 2003 hat die BEWAG Ursel E. bereits den Strom abgedreht. Die Wohnungsbaugesellschaft droht ihr mit Kündigung. Die Rentnerin, Mieterin einer ofenbeheizten Wohnung in einem unsanierten Altbau in der Kastanienallee, Berlin Mitte, ist die Miete seit mindestens fünf Monaten schuldig. Da beschließt sie, den ganz großen Coup zu landen.

Verkleidet mit einer Perücke aus dem Versandhaus, einem Basecap sowie einer großen Brille und bewaffnet mit einer ungeladenen Gaspistole, die sie für 30 Euro in der Prinzenallee aus Angst vor Einbrechern gekauft hatte, macht sich Ursel E. am 11. März 2003 auf den Weg. Sie fährt mit der S-Bahn nach Pankow. Dort nimmt sie sich ein Taxi zu jener Sparkassenfiliale, die sie sich auszurauben vorgenommen hat.

„Ich muss nur schnell Geld abheben", erklärt sie dem Taxifahrer und lässt ihn vor der Bank warten. Dann betritt sie das Geldinstitut und reiht sich, jetzt skurril verkleidet, in die Warteschlange ein. Als sie an der Reihe ist, schiebt sie der Sparkassenangestellten einen Leinensack und einen Zettel über den Tresen. Auf dem Papier steht: „Bitte Geld in großen und kleinen Scheinen. Schnell, ich bin bewaffnet mit einer Pistole und Nervengas."

Martina F. (39) packt zwar wie gewünscht das Geld in den Leinensack, betätigt aber auch den Alarmknopf. Der Bankräuberin, die ihr wenig professionell und mehr „aufgeregt ängstlich" vorkommt, erklärt sie: „Ich habe Alarm ausgelöst. Machen Sie mich und sich nicht unglücklich." Und dann: „Lassen Sie doch das Geld liegen und gehen Sie einfach."

Aber Ursel E. zückt als Antwort ihre ungeladene Waffe und insistiert fast beschwörend: „Bitte, bitte!" Da kann Martina F. in einer Mischung aus Mitleid und Unsicherheit nicht anders und gibt das Geld, rund 8.000 Euro, heraus. Ursel E. steigt mit ihrer Beute in das Taxi und verschwindet. Es bleibt eine Videoaufnahme, die die „Omaräuberin" bei der Tat zeigt.

Wegen des großen Erfolgs und wegen der anhaltenden finanziellen Sorgen macht sich Ursel E. ein halbes Jahr später noch einmal auf den Weg, obwohl sie weiß, dass sie steckbrieflich gesucht wird. Dieses Mal geht es zu einer Postbankfiliale am Mariendorfer Damm in Schöneberg. Dorthin fährt sie mit dem Bus und geht dann nach demselben Muster vor wie in Pankow.

Doch am 11. September 2003 hat sie Pech. Die Postbankangestellte Sabrina O. (34) knüllt den ihr von der bizarren Alten zugeschobenen Zettel wütend zusammen und fährt sie an: „Das ist doch kein Scherz!" Ursel E., die auf die couragierte Postbankangestellte einen eher „minderbemittelten, ungepflegten Eindruck" macht, kauft daraufhin verlegenheitshalber zwei Schnellhefter und verdrückt sich.

Verhaftet wird Ursel E. erst zwei Jahre später. Der Wirt eines Lokals in der Torstraße in Mitte erkennt auf dem in den Medien publizierten Fahndungsfoto seinen Gelegenheitsgast Ursel E. und ruft die Polizei. Am Tage ihrer Festnahme im November 2005 bestellt Ursel E., die deutsche Küche bevorzugt, Rinderroulade mit Apfelrotkohl. Die Polizeibeamten lassen die steckbrieflich gesuchte Bankräuberin ihre Mahlzeit zu Ende bringen; dann heißt es „Zugriff".

Am 20. Februar 2006 ist Ursel E. gleich zu Beginn der Hauptverhandlung geständig. Sie habe ihre Schulden nicht mehr in den Griff bekommen, erklärt sie. Als ihre Mutter gestorben und sie selbst in Rente gegangen war, und ihre drei Kinder ihr den Rücken gekehrt hatten, sei sie zum Messie geworden. Irgendwann war ihre Wohnung, zugemüllt mit Tüten und Kartons von Versandhausbestellungen, nicht mehr begehbar. Die rüstige Rentnerin beginnt, die weitere Umgebung zu durchstreifen, und kommt schließlich auf skurile Ideen.

Drei Jahre Haft wegen schwerer und versuchter räuberischer Erpressung lautet schließlich das Urteil, das der Vorsitzende Richter Matthias Sch. nach nur einem Prozesstag und einer längeren Beratungszeit verkündet. Eine Bewährungsstrafe sei „abwegig", führt Sch. in seiner Urteilsbegründung aus: „Wir können nicht, weil die Angeklagte 70 ist, mit dem Strafgesetzbuch umspringen, wie wir wollen." Außerdem nehme er Ursel E., die immerhin 14 Jahre in einer Rechtsanwaltskanzlei tätig und später Chefsekretärin in einem volkseigenen Berliner Kosmetikbetrieb war, die Rolle der armen, leidenden Oma nicht ab. Der Einschätzung des psychologischen Gutachters Dr. Werner P. folgend, räumt Richter Sch. der Angeklagten jedoch eine erhebliche Minderung der Steuerungsfähigkeit ein – bedingt durch Depressionen und ein Alkoholproblem.

Der Prozesszuhörer sieht am Schluss der Hauptverhandlung eine erleichterte Angeklagte: Ursel E. ist bis zum Antritt ihrer Haft auf freien Fuß gesetzt; sie hat eine dreijährige Haftzeit mit Freigang zu erwarten. Unterstützung hat die alte Dame in der Zwischenzeit bei der „Freien Hilfe Berlin e.V." gefunden, einem Berliner Verein, der Angebote für Straffällige und Wohnungslose bereithält.

Beziehungsdramen

Beziehungsdrama eskaliert

Das wollten die Beamten, die im April 2003 zu einem Einsatz wegen häuslicher Gewalt nach Friedrichshain gerufen wurden, dann doch nicht mehr gelten lassen. Eine offenbar völlig außer Kontrolle geratene Frau entzog sich ihren Anordnungen und drohte gar, ihr Kind auf den Boden zu werfen, würde man sie nicht gehen lassen. Seitens der Polizeibeamten kam es zu einer Anzeige wegen Nötigung und Widerstandes gegen Vollstreckungsbeamte und schließlich zu einer Verhandlung vor Gericht.

Die Beziehung des Paares Stefanie F. (39) und Christian L. (37) lief bereits vor der Geburt ihres gemeinsamen Kindes nicht mehr gut. Immer wieder kam es nach Angaben von Stefanie F. zu Tätlichkeiten ihres Freundes. Die Geburt des Sohnes verbesserte die Situation – wie vielleicht insgeheim gehofft – nicht. Im Gegenteil: Der Junge entwickelt sich für Stefanie F., die sich eigentlich trennen will, zu einem ernsten Hindernis, denn Christian L. nötigte sie, bereits kurz nach der Geburt ihres Kindes wieder zu arbeiten. Stefanie F., eine Diplomkauffrau, fühlte sich überfordert. Das temperamentvolle Kind, das sie noch stillte, kränkelte. Die Arbeit, die sie versuchte, von zu Hause aus zu erledigen, wuchs ihr über den Kopf. Und Christian L. war als Vater schlichtweg nicht vorhanden.

Schließlich kam es am frühen Nachmittag des 27. April 2003 zu einem finalen Streit zwischen Stefanie F. und Christian L. Mit voller Absicht, so Stefanie F., provozierte sie an diesem Tag ihren Freund, um ihn endgültig loszuwerden. Als sie ihm eine Schüssel mit Tomatensalat über den Kopf kippte, eskalierte die Auseinandersetzung. Ein Messer kam ins Spiel. Dann stand auch schon die Polizei vor der Tür.

Bei Stefanie F. lagen die Nerven blank. Die junge Frau sagt: „Ich wollte nur noch weg. Das Kind in eine Babyklappe bringen." Als sie in dieser Absicht auf den Flur stürmt, fordern die Beamten sie auf, in der Wohnung zu bleiben. Für die wohlmeinenden Worte der Polizeibeamten war Stefanie F. allerdings nicht mehr erreichbar.

Aufs Äußerste erregt, drohte Stefanie F., „das Ding" – damit meinte sie ihren Jungen – auf den Boden zu werfen, falls man sie am Gehen hindere. Nur mit Mühe gelang es den Polizeibeamten, die Situation doch noch in den Griff zu bekommen. Stefanie F. wurde einer psychiatrischen Einrichtung zugeführt. Gegen sie wurde Anzeige erstattet.

In der Zwischenzeit hat sich das Paar getrennt, das Sorgerecht für das gemeinsame Kind liegt jetzt bei Stefanie F. Zu den Beweggründen ihres Handelns sagt sie heute: „Ich war hoffnungslos überfordert. Ich wollte nur noch weg. Ich wollte nur noch meine Ruhe." Auf die Frage des Vorsitzenden Richters, ob sie sich denn jetzt der Situation gewachsen fühle, formuliert sie mit brüchiger Stimme ein resolut gemeintes „Ja" und fügt hinzu: „Seit ich mit dem Kind allein lebe, geht es mir gut."

Die Verhandlung ist nach einer Stunde beendet. Keine Zeugen, keine Sachverständigen. Stefanie F. ist geständig, die Sachlage klar. Die Ausführungen der Angeklagten zu ihren Vorbelastungen durch Festnahmen in der ehemaligen DDR stoppt der Richter kurzerhand. Er hält sie für nicht relevant.

Das Urteil: Das Gericht bietet Stefanie F. die Einstellung des Verfahrens gegen Zahlung einer Geldbuße an. Da die Angeklagte nicht zahlungsfähig ist, kommt es allerdings doch zu einer Verurteilung. Wegen Nötigung und Widerstandes gegen Vollstreckungsbeamte verhängt der Richter eine Geldstrafe von 30 Tagessätzen à 50 Euro und verbindet sie mit einer einjährigen Bewährungszeit.

Krach in der Partnerschaft – Hund geht über die Balkonbrüstung

Am Sonnabend, dem 18. November 2006, gegen 15:40 Uhr stürzt der Terriermischling Foxi infolge von Partnerstreitigkeiten vom Balkon einer Wohnung in Neukölln aus dem sechsten Stock und verendet kläglich. Uwe S. (23), Student der Politikwissenschaften sagt, seine Freundin Claudia C. (47), examinierte Pflegefachkraft, habe sich das Leben nehmen wollen, der Hund sei ihr dabei aus der Hand geglitten. Doch am Tattag spricht er gegenüber den Polizeibeamten noch von „werfen", strafbar nach §17 des Tierschutzgesetzes. Einen Tag vor der Hauptverhandlung erklärt zudem ein Nachbar vor der laufenden Fernsehkamera eines RBB-Teams, Claudia C. habe ihm erzählt, dass nicht sie, sondern ihr Freund Uwe S. den Hund über die Balkonbrüstung geworfen habe.

Das hätte eigentlich ein kurzer Prozess werden können. Der Sachverhalt schien übersichtlich, ein unabwendbares Unglück, das Partner Uwe S. wie folgt darstellt: Am Nachmittag des 18. November 2006 kommt es zwischen Claudia C. und Uwe S. zum Streit. Beide wohnen zusammen im sechsten Stock eines Neubaus in der Neuköllner Sonnenallee.

Claudia C. ereifert sich. Während Uwe S. vor dem Computer den Unnahbaren spielt, steigt seine Freundin in Suizidabsicht mit Terriermischling Foxi auf einen wackeligen Stuhl an der Balkonbrüstung. Dann geht alles sehr schnell. Uwe S. löst sich endlich von seinem Computer. Ein Blick auf die verzweifelte Lebensgefährtin, der Hund geht über die Brüstung. Der junge Mann stürzt hinzu und zerrt die sich heftig wehrende Claudia C. ins Wohnzimmer. Dort drückt er die schluchzende Frau in den Sessel. Irgendwann, so sagt er, hat er sich über die Balkonbrüstung gebeugt und unten das Tier „zucken" sehen.

Uwe S. ruft die Polizei. Unfreiwillig Zeuge gewordene Passanten tun dasselbe. Sie warten bei dem verendenden Tier auf den Streifenwagen. So jedenfalls erklärt Uwe S., der einzige geladene Zeuge, dem Richter die Geschehnisse vom Vorjahr am ersten Tag der Hauptverhandlung. An diesem 15. August 2007 hat sich Claudia C. vor dem Amtsgericht Tiergarten zu verantworten. Die Anklage lautet: grundloses Töten eines Wirbeltieres – eine Straftat, die nach §17 des Tierschutzgesetzes mit einer Freiheitsstrafe von bis zu drei Jahren oder mit einer Geldstrafe bestraft werden kann.

Einzige Unklarheit und springender Punkt am Tag der Hauptverhandlung ist, dass Uwe S. in einer ersten Aussage der Polizei gegenüber erklärt hatte, seine Lebensgefährtin habe Hund Foxi über die Brüstung GEWORFEN. So fragt denn auch der Richter eindringlich: „Ausgerutscht oder geworfen? Das ist ein großer Unterschied."

Wortgewandt rekapituliert Uwe S. die für das Tier schicksalhaften zehn Sekunden und ihre Vorgeschichte. Er berichtet von Beziehungsproblemen, von einem heftigen Krach zwei Tage zuvor, ausgelöst durch die Beengtheit der Wohnverhältnisse: „17 Quadratmeter für jeden. Da muss man ein bisschen resistent sein."

Er sagt: „Wir haben uns viel gestritten", und dann erzählt er von psychischen Problemen seiner Freundin, von ihren finanziellen und familiären Schwierigkeiten, von einer Insolvenz und davon, dass die von ihrem Mann getrennt lebende Claudia C. nur selten ihre 16 und 18 Jahre alten Kinder zu Gesicht bekommt. Auch von der Einnahme rezeptpflichtiger Beruhigungsmittel und von Alkoholkonsum – sprich: Bier – durch Claudia C. ist die Rede.

Drei, vier Jahre dauere die Krise bereits an. Uwe S., der Claudia C. seit drei Jahren kennt, sagt: „Claudia ist suizidgefährdet. Sie wälzt zu oft Probleme und neigt zu Kurzschlussreaktionen." Sie habe sich schon einmal die Pulsadern aufgeschnitten. „Ein Bier zuviel kann schon einen zu tiefen Schnitt bedeuten."

Uwe S. beteuert, niemals, auch nicht unter dem Einfluss aller Tabletten der Welt, würde Claudia C. den Hund GEWORFEN haben. Nein, seine Aussage habe der Polizist damals falsch aufgenommen. „Der Polizist konnte meinen Ausführungen nicht folgen", erklärt er.

An dieser Stelle hätte das Verfahren eigentlich eingestellt werden können. Und vielleicht zog sich das Gericht deshalb auch zu einer Entscheidungspause zurück. Doch dann kommt es während dieser Unterbrechung des Verfahrens zu einem unvorhergesehenen Zwischenfall. Ein Reporter des RBB will mit seinem Team am Tag vor dem Prozess die Nachbarschaft am Tatort abgeklappert haben.

Dabei erklärte ein Nachbar vor laufender Kamera, Claudia C. habe sich bei ihm in dieser Sache ausgeheult. Danach soll in Wirklichkeit Uwe S. den Hund über die Brüstung geworfen haben. Doch weil Uwe S. eine Politik-Karriere anstrebe, nähme Claudia C. die Schuld auf sich. Nachbar Wilfried F. sagt: „Claudia überlegte, ob sie ihre Aussage revidiert." Und er habe ihr geraten, es zu tun.

Mit dieser Version der Geschehnisse konfrontiert, antwortet Uwe S. dem Richter selbstbewusst: „Das kann ich Ihnen definitiv sagen, dass das nicht so war." Da habe er auch kein schlechtes Gewissen.

Doch der Richter, der sich sichtlich irritiert an das „Fernsehgericht" der 70er-Jahre erinnert fühlt, bricht die Hauptverhandlung ab. Seine Begründung: „Der Zeuge Wilfried F. soll gehört werden." Sollte Uwe S. die Unwahrheit gesprochen haben, kommt auf ihn neben der Klage wegen Tötung des Hundes mindestens auch eine Klage wegen falscher uneidlicher Aussage hinzu. Die wird nach § 153 StGB mit einer Freiheitsstrafe von drei Monaten bis zu fünf Jahren bestraft. Aber selbst wenn die Aussage von Wilfried F. glaubwürdig klingt, wird es schließlich zuletzt auf Claudia C. ankommen. Die jedoch macht bisher von ihrem Schweigerecht Gebrauch …

Drei Wochen später findet der zweite und letzte Verhandlungstag in dieser Sache statt. Nachbar Wilfried F. (49) wiederholt im Kern seine Aussage. Der gelernte Zahntechniker berichtet, dass das Paar, das schräg gegenüber links von ihm auf gleicher Höhe wie er Wohnung und Balkon hat, sich oft gestritten und dass Uwe S. sich oft und zornig über Hundegebell beschwert habe. Zum gewaltsamen Tod von Foxi sagt Wilfried F.: „Ich fand das nicht gut, dass sie das auf sich nimmt."

Nun hielt es die Angeklagte Claudia C. doch nicht länger aus. Nach einer kurzen Unterredung mit ihrem Rechtsanwalt sprudelt es aus ihr heraus. „Er hat Foxi gehasst!", schluchzt sie, denn Uwe S., so Claudia C., mag keine Hunde. Terriermischling Foxi hätte sich in der Regel vor ihm in der Ecke verkrochen. „Ich weiß nicht, was er mit ihr gemacht hat, wenn sie allein waren.", presst sie weinend hervor. Einmal sei Uwe S. mit dem Messer auf Foxi losgegangen. Ein anderes Mal hätte er das Tier geworfen wie einen Stein, einfach so.

Claudia C. erzählt nun ihre Version des Tathergangs. An diesem Sonnabend im November 2006 nimmt sie, so berichtet sie, eine gute Portion Tabletten. Etwas Bier ist auch im Spiel. Der Grund: Das Paar hatte sich schon die ganze Woche gestritten. Als sie dann auf dem Höhepunkt der Auseinandersetzung auf der Toilette ist, muss es wohl geschehen sein. Denn als sie vom WC zurückkommt, ist Foxi nicht mehr da. Uwe S., der behauptete, sie, Claudia C., habe den Hund vom Balkon geworfen, wollte sie in der Folge unbedingt „einweisen lassen" – so jedenfalls Claudia C.

Auf die Frage des Vorsitzenden Richters, warum sie die Sache denn auf sich genommen hätte, stößt Claudia C. verzweifelt hervor: „Was sollte ich denn tun, der ist doch erst 23 und will was in Politik machen!" Die Karriere wollte sie ihm schließlich nicht verderben, und nur auf seinen ausdrücklichen Wunsch hin sei man auch immer noch zusammen.

Kurz darauf schließt der Vorsitzende Richter die Beweisaufnahme. Die Plädoyers folgen. Der Staatsanwalt hält weiter an der Schuld der Angeklagten fest: „Was sie jetzt vorbringt, das sagt sie, um sich aus der Sache herauszureden." „Eine ganz schön üble Geschichte" sei das, so der Staatsanwalt, für die das Tier überhaupt nichts könne. „Der arme Hund", endet er seinen Schlussvortrag und fordert 60 Tagessätze à 15 Euro als Strafzumessung.

Doch Richter Norbert B. sieht das anders. „Freispruch auf Kosten der Landeskasse", verkündet er. Im Zweifel zugunsten

der Angeklagten. Uwe S. habe eine „klare Falschaussage gelie-
fert". Letztendlich aber wisse man nicht, wie Hund Foxi vom
Balkon gefallen sei. Drei Möglichkeiten führt Richter B. ins
Feld: Claudia C. war es doch. Oder Uwe S., weil er seine Partnerin bestrafen wollte oder weil er Foxi hasste. „Oder", fügt er
scherzhaft hinzu „der Hund hat selbst das Weite gesucht, weil
ihm der Beziehungskrach zu viel wurde."

War es das jetzt? Bleibt Foxis Tod ungesühnt? Der Staatsanwalt jedenfalls, der Claudia C. weiterhin für die Täterin hält,
sieht kein weiteres Verfolgungsinteresse. Und wo kein Kläger,
ist bekanntlich auch kein Richter.

Der lange Abschied

13 Jahre leben Bettina F. (48), Sachbearbeiterin bei der S-Bahn Berlin GmbH, und Kai M. (44) in einer harmonischen Ehe, wie sie sagen, in ihrer gemeinsamen Wohnung in Marzahn. Doch seit Hausmeister Kai M. 2003 auf seinen 40. Geburtstag zusteuert, gibt er sich seiner Midlife-Crisis hin. Er trinkt, benimmt sich daneben und sucht Techtelmechtel mit jüngeren Frauen. Schließlich pendelt Kai M. seit Frühling 2007 zwischen seiner Frau und einer Geliebten. Der untreue Gatte widersteht allen Klärungsversuchen seiner Frau. Als er Weihnachten eine weitere

Spielart seines unbekümmerten Ja/Nein hinlegt, greift die zermürbte Frau im Zustand völliger Leere zum Küchenmesser.

Am 23. Dezember 2007 steht Kai M. wieder einmal mit seinen Sachen weinend vor der Tür seiner Frau. Er wünscht, wie schon öfter, die Versöhnung. Jetzt will er sich endlich tatsächlich von seiner Freundin trennen und zu Bettina F. zurückkehren. Liebes- und Treueschwüre umschmeicheln Bettina F. Für kurze Zeit ist alles wie früher und Heiligabend ein Traum.

Doch schon am Tag darauf tippt sich Kai M. an seinem Handy wieder die Fingerkuppen heiß. Er hat Sehnsucht nach seiner Freundin, trinkt und teilt seinen Kummer darüber auch seiner Frau mit. Bettina F. wird nach einem letzten Weinkrampf und einer Art Nervenzusammenbruch auffallend still.

Kai M., der seit kurzem ohne Arbeit ist, hat die Nacht zuvor wieder außer Haus verbracht. Er soll sich entscheiden. So will es Bettina F. Und Kai M., circa vier Whisky im Blut, erklärt nun ohne Gnade, seine Wahl falle auf die Andere.

Bettina F. reagiert konsequent. Sie fordert ihren Mann auf, die Wohnung zu verlasse, und erbittet die Schlüssel von ihm. Doch Kai M. lacht nur: „Hol dir den Schlüssel doch." Er werde außerdem, so teilt er mit, bevor er zu seiner Freundin geht, hier auf der Couch noch ein Stündchen schlafen.

Während Kai M. also gegen 15 Uhr tatsächlich eine bis anderthalb Stunden schläft, sitzt Bettina F. in dem dunkel werdenden Wohnzimmer reglos auf der Couch neben ihrem Mann, dem sie gerade das Schlüsselbund entwunden hat. Sie fühlt nichts. In ihr ist völlige Leere.

Als Kai M., der nach dem Erwachen gehen will, in den Flur tritt, eilt Bettina F. in die Küche und ergreift wahllos ein Messer von der Magnetleiste. Ihr Mann wirft gerade einen letzten, zufriedenen Blick in den Spiegel. Da sticht Bettina F. zu. Einmal, mit voller Wucht. Beim zweiten Mal bricht die Klinge am Schaft ab.

Kai M. dreht sich verwundert um, begreift und entwindet seiner Frau den Messergriff. Bettina F. geht ohnmächtig zu Boden. Kai M., der das Blut seinen Rücken herunterrinnen spürt, legt sich neben sie. Von dem plötzlichen Lärm alarmiert, stürzt Bettina F.s Tochter (18) herbei, die in ihrem Zimmer vor dem Computer gesessen hat. Sie hilft dem Stiefvater aus der Strickjacke, in der noch die Klinge des Küchenmessers hängt, legt sie auf die Kommode und ruft dann telefonisch Hilfe.

Kein halbes Jahr später muss sich Bettina F. vor dem Berliner Landgericht wegen versuchten Mordes verantworten. Sie wirkt in sich zurückgezogen, fast schüchtern, aber auch gefasst. Ihr Rechtsanwalt Mirko R. sagt von der Frau: „Sie hat eine starke Wertebindung. Sie macht alles für eine Partnerschaft, solange sie vertrauen darf."

Bettina F. lässt durch ihren Anwalt eine Erklärung mit ihrem Geständnis verlesen, das erhellt, wie es zu der Tat gekommen ist, wie ihr Mann ihr immer wieder Versprechungen machte, sie ihm ein Zimmer für eine Auszeit und die Möglichkeit eines klaren Entschlusses anmietete, schließlich mit der Scheidung drohte. Bettina F. sagt: „Ich liebte meinen Mann so sehr, dass ich ihm alles verzieh."

So schluckt sie auch, dass Kai M. ihr im August 2007, nicht ohne Stolz, Fotos von seiner Neuen zeigt. Allerdings begeht die vor Kummer bereits um drei, vier Kleidergrößen abgemagerte Bettina F. daraufhin stillschweigend einen Suizidversuch mit Tabletten. Bettina F. bereut, wie sie sagt, ihre Tat „zutiefst". Aber die Erinnerung an sie ist weg: „Mir fällt nur ein, dass ich in den Flur gegangen bin. Dann wieder, wie ich im Flur auf dem Boden saß." Auch der Tochter und Kai M. waren der vorausgegangene, sonderbar teilnahmslose Zustand von Bettina F. aufgefallen.

Kai M., das Opfer, hält diesen Prozess für aufgebauscht, unnötig. Es sei doch nichts passiert, sagt er und nimmt auch die Schuld für das Geschehen auf sich: „Ich habe meiner Frau das Leben zur Hölle gemacht." Es verwundere ihn heute nicht, dass seine Frau zugestochen habe. Kai M. sagt auch: „Ich habe meiner Frau verziehen."

Auf die Frage der Vorsitzenden Richterin, ob er die Beziehung zu seiner Frau wieder aufzunehmen wünsche, erklärte Kai M. zum allgemeinen Erstaunen: „Ich will es versuchen. Es wird Zeit brauchen." Bettina F., von der zuvor zu hören war, „für mich ist eine klare Linie gezogen", nahm diesen seltsamen Antrag mit regloser Miene zur Kenntnis.

Das Gericht verurteilte Bettina F. schließlich wegen versuchten Totschlags und gefährlicher Körperverletzung zu einer Freiheitsstrafe von drei Jahren und hob den bestehenden Haftbefehl auf. Es erkannte zwei das Strafmaß mildernde Gründe, darunter eine zur Tatzeit erheblich verminderte Steuerungsfähigkeit der Angeklagten.

Die Möglichkeit, wie von der Verteidigung gefordert, eine Bewährungsstrafe auszusprechen, lehnte die Strafkammer ab. Die Vorsitzende Richterin L. erklärte in ihrer Urteilsbegründung: „Eine Bewährungsstrafe ist mit der Schwere der zugefügten Verletzung nicht vereinbar." Bettina F. wird ihre Haftstrafe im offenen Vollzug verbüßen dürfen.

Seniorin tötet Ehemann im Streit: Teil 1 „Komm mir nicht zu nahe!"

Fast fünfzig Jahre lebten sie zusammen. Der Busfahrer Horst A. (72) und Ingrid A. (69), die einst ihren Job als Löterin bei Telefunken aufgab, um ihre vier Kinder großzuziehen. Zuletzt, nachdem die drei Töchter und der Sohn aus dem Haus waren, wohnte das Ehepaar mit zwei Katzen allein in seiner Mietwohnung im Wedding. Am 16. Oktober 2005 hätte es Goldene Hochzeit gefeiert. Doch zu einer fröhlichen Familienparty kommt es nicht mehr. Am Donnerstag, dem 4. Juni 2005, gibt es Streit, weil Horst A. wieder einmal zu tief ins Glas geschaut hat. Statt einen einträchtigen Videoabend mit Kognak und Heinz Rühmann zu verbringen, muss sich Ingrid A. die folgende Nacht mit Verhören um die Ohren schlagen, denn Horst A. ist in der Folge ihres handgreiflichen Streits tot.

Eigentlich ist es ein Tag wie jeder andere. Um 10 Uhr morgens hat Ingrid A. einen Termin beim Orthopäden wegen der Bandscheiben und Horst A. bereits seinen mit Missbilligung quittierten ersten Schluck aus der Flasche genommen. Mittags gibt es „Schnitzel ohne alles", dann folgt eine kleine Siesta bis 14 Uhr.

Horst A., den seine Frau „Papi" nennt und der sich angeblich weitere heimliche Schlucke genehmigt hat, geht noch einmal einkaufen. Ingrid A. fährt derweil wegen ihrer Rückenprobleme auf dem Heimtrainer. Nach dem Kaffee, circa 16:30 Uhr, sieht sich das Seniorenpaar einen Videofilm mit Heinz Rühmann an.

Ingrid A., die sich auf den gemeinsamen Videonachmittag gefreut hat, muss bereits jetzt enttäuscht feststellen: Papi wird wieder nicht bis zum Schluss durchhalten. Sein anhaltendes Nachgießen von Kognak quittiert sie mit giftigen Bemerkungen wie: „Siehste, jetzt können wir wieder kein Fernsehen gucken, weil du zu betrunken bist, um mitzukommen!" Schließlich hält Horst A. die Stänkerei nicht mehr aus, zieht sich in die Küche zurück und kontert: „Ich lasse mich nicht mehr bevormunden!"

Bereits seit zwei Jahren streitet sich das Ehepaar wegen der ständigen Trinkerei von Horst A. Um des lieben Friedens willen läuft Ehefrau Ingrid hinterher und bittet: „Komm Papi, vertragen wir uns wieder!" Da geht er wütend auf sie los: „Lass mich zufrieden, du altes Miststück!"

Solche Töne will Ingrid A. von ihrem Mann nicht gekannt haben; auch keine körperliche Gewalt – selbst wenn Horst A., so die alte Dame, ihr ab und an den Arm umgedreht hat. Deshalb versetzt sie Papis plötzlich wütende Entschlossenheit in

Angst und Schrecken. Sie greift zu dem Messerblock und presst die Faust mit der Klinge des Küchenmessers nach vorn fest an ihre Schulter: „Komm mir nicht zu nahe!"

Doch Horst A. wankt drohend auf sie zu. Er stolpert, stürzt in das von seiner Ehefrau vorgehaltene Messer und fällt auf den Rücken – so jedenfalls die Schilderung der seit dem 4. Juni 2005 inhaftierten Witwe Ingrid A. Diese Version scheint zu der kleinen, fahrigen, überfordert wirkenden Frau zu passen. Auch dass sie das Ausmaß des Unglücks erst einmal verdrängt und bagatellisiert.

Für den tödlich verletzten Horst A., der regungslos an die Decke starrt, zählt jetzt jede Sekunde. Aber die reinliche Hausfrau Ingrid A., die zu diesem Zeitpunkt vermutlich selbst zwei Promille im Blut hat, säubert erst einmal den Tatort mit einem Schwamm und verpasst ihrem Mann ein Pflaster: „Mach jetzt keinen Blödsinn mit mir, Papi." Als sie schließlich doch die Feuerwehr ruft, unterlässt sie es, den Arzt auf die Stichwunde, die stark nach innen blutet, hinzuweisen. Horst A. liegt bereits im Sterben. Alle Reanimationsversuche kommen zu spät.

Vier Monate später, am 18. Oktober 2005, muss sich Ingrid A. wegen Totschlags vor Gericht verantworten. Die von ihr zu Beginn des Verfahrens geschilderte Notwehrsituation klingt glaubhaft, dennoch hat sich das Gericht mit einigen Ungereimtheiten auseinanderzusetzen. So mit einer entscheidenden ersten Falschaussage der Angeklagten, Blutspritzern am falschen Ort und den verwirrenden Ausführungen des Gerichtsmediziners Dr. Sven H. Dieser erklärt zwar: „Die Ausführungen der Angeklagten sind plausibel", streut jedoch auch Zweifel wegen weiterer, an Horst A. festgestellter Verletzungen, darunter fünf Kopfwunden, die ihm möglicherweise beigebracht wurden, während er bereits am Boden lag.

Eine zweite Reportage, zur Urteilsverkündung vier Prozesstermine später, beleuchtet das Verfahren noch einmal von einer
anderen Seite:

Seniorin tötet Ehemann im Streit:
Teil 2 „Was man nicht sieht, ist nicht da"

Am 4. Juni 2005 tötete Ingrid A. (69) in ihrer gemeinsamen
Weddinger Wohnung im Streit ihren Ehemann Horst A. (72).
Seit zwei Jahren litt die 50jährige Ehe an unterschwelligen
Differenzen, nicht zuletzt hervorgerufen durch den gemeinsa-
men Alkoholkonsum. Ingrid A. behauptet, es sei Notwehr ge-
wesen. Die Staatsanwaltschaft dagegen stellt fest, dass es Tot-
schlag war. Sie beantragt eine Freiheitsstrafe von sechs Jahren.
Knapp vier Monate nach der Tat ergeht gegen die Rentnerin das
Urteil.

Der Prozess gegen Ingrid A., die ihren Mann in einer eskalie-
renden Auseinandersetzung in der Küche tödlich mit dem
Messer verletzte, ist ein schwieriges Verfahren. Keine Zeugen,
sich widersprechende Indizien und eine charakterliche Prägung
der Angeklagten, die einiges an Verständnis erfordert.
  So hatte der psychologische Sachverständige das Gericht am
zweiten Prozesstag auf eine extrem harmoniebedürftige Ingrid A.
einzustimmen versucht, auf eine intellektuell minderbegabte
Frau, die um ihrer heilen Welt willen Probleme und den Alkoholkonsum des Ehepaars bagatellisierte. Dr. T.: „Frau Ingrid A.
wollte eine brave, gute Frau sein."
  Aber seit mindestens einem Jahr gab es hierzu immer weniger Gelegenheit. Beide, sowohl Ingrid als auch Horst A., waren
sehr krank. Horst A. teilweise, ohne es zu wissen. Ihre zunehmend gerade durch den Alkohol bedingten Differenzen ver-

suchten sie, mit weiterem Alkohol zu verschleiern. Am 4. Juni 2005 stürmte (oder torkelte) Horst A. wütend auf seine Frau los mit den Worten: „Ich wäre dich am liebsten los". Das soll nach Dr. T.s Ansicht Ingrid A.s Welt endgültig ins Wanken gebracht haben.

Dr. T.: „Ingrid A. hat das Gefühl der Notwehr wohl real gehabt." Wegen ihrer intellektuellen Minderbegabung, eines Alkoholisierungsgrades von circa zwei Promille und affektiver Zuflüsse räumt der Sachverständige der Angeklagten eine Beeinträchtigung der Handlungsfähigkeit nach § 21 StGB ein.

Die Staatsanwaltschaft dagegen entwirft in ihrem Plädoyer am 24. Oktober 2005 ein Tatszenario, nach dem Ingrid A. ihrem Mann sogar eine Flasche auf den Kopf geschlagen haben soll. Sie fordert eine Freiheitsstrafe von sechs Jahren.

Gegen Ingrid A. ergeht schließlich wegen Totschlags eine Freiheitsstrafe von fünf Jahren. Die Vorsitzende Richterin Gabriele S. nennt es in ihrer Urteilsbegründung „erstaunlich", dass Ingrid A. nach der Tat nichts unternimmt: „Eine bis anderthalb Stunden vergehen." Sie macht sauber, sie verarztet ihren Mann mit einem Pflaster. Erst um 18:45 Uhr ruft sie die Feuerwehr. Und auch da gibt sie keine genauen Hinweise auf den Ablauf. Dabei hätte ihrem Mann mit einer sofortigen Notfallversorgung geholfen werden können.

Nur mit Bedenken folgt das Gericht dem Gutachter und räumt Ingrid A. eine Beeinträchtigung der Handlungsfähigkeit ein. Richterin S. schließt die Urteilsbegründung mit dem Bedauern, „dass Ingrid A. die Verantwortung für das Geschehen nicht auf sich nehmen will".

Allerdings bleiben auch diese Worte des Sachverständigen im Ohr: „Sie klebte das Pflaster auf die Wunde. Wie ein Kind. Was man nicht sieht, ist nicht da." Er setzte hinzu: „Ich denke, Ingrid A. versteht das alles gar nicht so recht."

Wenn Blut fließt – Tötungsdelikte

Tödliche Partnerschaft – ein Versicherungsfall

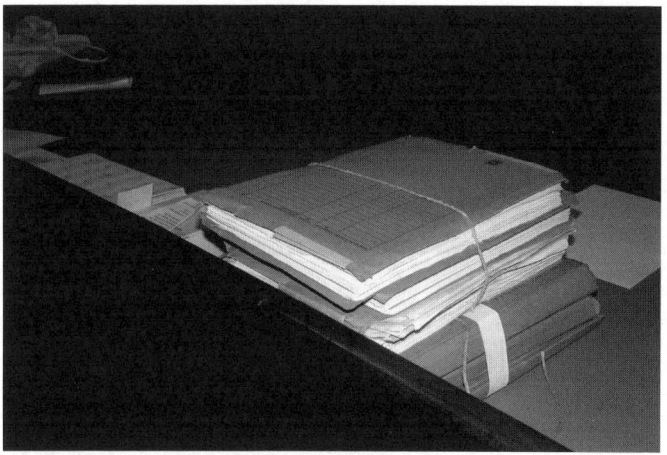

Am 10. Oktober 2000 wird der Rentner Igor M. in einer Seiten-
straße der russischen Metropole Moskau mit seinem Fiat Punto
in einen Autounfall verwickelt. Mit tödlicher Folge. Die Unfallverursacher, Fahrer eines zwei Tage zuvor gestohlenen Armee-
lasters und mutmaßliche Auftragskiller, entkommen unerkannt.
Als Igor M.s russisch-gebürtige Berliner Partnerin Dunja L. (31)
umgehend die Auszahlung der erst kürzlich geschlossenen
Risikolebensversicherung einfordert, beginnen die Mühlen der
hellhörig gewordenen Versicherung zu mahlen. Sieben Jahre
später vor dem Berliner Landgericht muss sich Dunja L. am 4.
Januar 2007 wegen Mordes an ihrem Lebenspartner verantworten. Mitangeklagt ist ihre Mutter wegen Beihilfe und uneidlicher Falschaussage.

Was kümmert es einen deutschen Versicherer, wenn in China ein Sack Reis umfällt oder ein in den Wodka verliebter russischer Rentner in Moskau sprichwörtlich unter die Räder kommt? Nicht das Geringste. Anders natürlich, wenn der Moskauer Rentner bei ebendiesem Versicherer teuer lebensversichert war, beispielsweise mit einer Million DM, die nun eine junge, trauernde Witwe postwendend geltend macht. Mitte Oktober 2000 wird Sachbearbeiter R. mit dem Fall betraut, der ihm irgendwie undurchsichtig scheint.

Sechs Tage nach dem Unfalltod Igor M.s in Moskau meldet die Witwe ihren Anspruch auf die Versicherungssumme an. Ein falscher Bestatter, einige andere Ungereimtheiten – Sachbearbeiter R. zählt eins und eins zusammen und wendet sich an das Landeskriminalamt Saarbrücken. Während Witwe Dunja L. hartnäckig Zahlungen aus dieser und zwei weiteren Versicherungen zivilrechtlich in Saarbrücken und Frankfurt am Main einfordert, arbeitet auch die Moskauer Kripo am Fall des mysteriösen Ablebens des Igor M.

Zunächst aber verläuft alles zugunsten der jungen Witwe. Zwei Jahre nach dem umstrittenen Unfall spricht die 14. Zivilkammer Saarbrücken Dunja L. die Versicherungssumme nebst Zinsen zu. In einer Berufungsverhandlung vor dem Saarbrücker Oberlandesgericht jedoch, weitere drei Jahre später – der Versicherer bleibt hartnäckig – weist der zuständige Senat die Klage der gelernten Reiseverkehrskauffrau ab. Die Begründung der Kammer vom 25. Mai 2005: Die Angaben von Dunja L. entbehrten der Glaubhaftigkeit. Die Mühlen der Behörden arbeiten weiter, nun – langsam, aber stetig – gegen Dunja L.

Zwei andere Klagen, die die kinderlose Witwe gegen American Express Europe Ltd. und den Moskauer Vermieter des Unfallwagens Fiat Punto ab Oktober 2000 führt, entscheidet das Frankfurter Landgericht ebenfalls nicht zugunsten der Klägerin. Am 26. April 2001 setzt das Frankfurter Landgericht kurzerhand das Verfahren bis zur Erledigung des Berliner Strafverfahrens aus. Von den anfänglich in Aussicht stehenden insgesamt 1.022.583 DM bleiben nun nur noch strittige 204.516,75 DM und die Aussicht auf eine lebenslange Freiheitsstrafe.

Jetzt geht es um Mord. Am Donnerstag, dem 4. Januar 2007, findet am Moabiter Kriminalgericht der Mordprozess gegen Dunja L. statt, die sich seit knapp einem Jahr in U-Haft befindet.

Mit auf der Anklagebank: die Mutter der mutmaßlichen Mörderin, Olga B., die ebenfalls seit dem 12. April 2006 im Gefängnis sitzt. Die studierte Musikpädagogin, in Moskau zuletzt als Aufsichtskraft in einer Spielhalle beschäftigt, soll ihrer Tochter in den vorausgegangenen Zivilprozessen mit Falschaussagen bewusst den Rücken gestärkt haben.

Das Mordszenario, das die Berliner Staatsanwaltschaft entwirft, sieht so aus: Im Sommer 2000 beschließen Dunja L., Nicolas K. und der russische Ex-Armee-Oberst Alexander T. (die beiden Männer werden gesondert strafrechtlich verfolgt) einen Millionencoup. Nach ihrem Plan soll Dunja L., die seit 1991 in Berlin ansässig ist und dort auch die deutsche Staatsbürgerschaft erworben hat, einen leichtgläubigen Moskauer zum Schein ehelichen. Das planmäßige, plötzliche Ableben desselben im fernen Moskau nach Abschluss einer satten Lebensversicherung in Deutschland soll die drei über Nacht vermögend machen.

Gesagt, getan, so die Staatsanwaltschaft. Wenig später gelingt es Alexander T., seinen Nachbarn, den alkoholkranken Rentner Igor M. als Opfer für diesen Plan zu gewinnen. Er erklärt ihm, Dunja L. beabsichtige, in Moskau, „ihrer alten Heimat", ein Unternehmen zu gründen. Auch für Igor M. würde etwas dabei herausspringen.

Nach dessen Zusage geht, laut Staatsanwaltschaft, alles sehr schnell. Am 14. Juli 2000 meldet Dunja L. verabredungsgemäß ihren Gatten in spe in Berlin Wilmersdorf an. Sieben Tage später folgt die notariell beglaubigte Unterzeichnung des Ehevertrages. Da hat Dunja L. bereits den Antrag für die Lebensversicherung ausgefüllt. Die Tage ihres mutmaßlichen Zweckpartners sind laut Anklage nun gezählt.

Drei Monate dauert das Scheinglück der Berliner Partnerschaft. Am 9. Oktober 2000 – das ungleiche Paar hält sich in Moskau auf – mietet Dunja L. für ihren Gatten Igor M. einen Fiat Punto. Einen Tag später hat Igor M. seinen bedauerlichen tödlichen Unfall. Die Berliner Staatsanwaltschaft hält die geflüchteten Unfallverursacher und Diebe des Armeefahrzeugs für gedungene Auftragsmörder.

Die angeklagten Frauen schweigen am ersten Tag der Hauptverhandlung zu den Tatvorwürfen. Die smarte Reiseverkehrskauffrau ebenso wie ihre Mutter mit den schlohweißen Haaren. Die 32. Große Strafkammer unter Vorsitz von Richter Hans L. plant acht Zeugen zu hören, darunter zwei Unfallzeugen – zwei Passanten aus Moskau – sowie die beiden mit dem Fall betrauten Sachbearbeiter des Versicherers.

Sollte das Gericht die Frauen für schuldig befinden, droht Dunja L. wegen Mordes (§ 211 StGB) eine lebenslange Freiheitsstrafe von mindestens 15 Jahren. Aber auch die Mutter, Olga B., muss wegen falscher uneidlicher Aussage (§ 153 StGB) und Beihilfe zum Betrug (§ 27 StGB) mit einer Freiheitsstrafe von bis zu fünf Jahren rechnen.

Das Gericht sah am Ende des Verfahrens die Schuld der Angeklagten nicht für zweifelsfrei erwiesen an. Es sprach Dunja L. vom Mord- und Betrugsvorwurf frei, verhängte aber eine 18-monatige Haftstrafe wegen Anstiftung zur uneidlichen Falschaussage. Ihre Mutter, Olga B., kam mit einer elfmonatigen Haftstrafe wegen uneidlicher Falschaussage davon.

Totgepflegt – der fast perfekte Mord

Fast hätte es geklappt. Noch zwei Tage waren es bis zur Einäscherung der am 21. Mai 2004 verstorbenen Rentnerin Anita M. (73) aus Berlin-Lichtenrade. Durch einen Hinweis der Schwiegertochter kamen Beamte des Betrugsdezernats auf die Idee einer Obduktion und stellten fest: Anita M. wurde ermordet. Erdrosselt, nachdem ein Vergiftungsversuch fehlschlug. Als Täterin machen die Ermittler die gelernte Apothekenhelferin Iris L. aus, die innerhalb von vier Jahren acht alte Menschen um ihr Geld – allein im vorliegenden Fall um 22.000 Euro – erleichterte. Aus Furcht vor Entdeckung soll sie schließlich, so der Vorwurf der Staatsanwaltschaft, Anita M. getötet haben.

Am 21. Mai 2004 gegen 6 Uhr ruft Pflegerin Iris L. den Notarzt in eine Wohnung in Lichtenrade. Ihre Patientin, so teilt sie telefonisch mit, ist mit der Gehhilfe schwer gestürzt. Nun liege sie hilflos hinter der Schlafzimmertür und versperre ihr den Zutritt und die Möglichkeit erster Hilfe.

Die alte Dame hinter der Tür heißt Anita M. und ist in diesem Moment bereits tot. Als kurz darauf der Notarzt erscheint, bescheinigt er eine natürliche Todesursache und macht noch ein letztes Foto von der verstorbenen alten Frau. Nach ihrem eigenen Willen soll Anita M. eingeäschert werden. Soweit, wie es scheint, ein Routinefall.

Iris L. ist eine kleine, umsichtige, aufgeschlossene Frau. Sie pflegt alte Menschen und verdient sich mit Putzen Geld dazu. Sie wohnt im gleichen Haus wie Anita M., einem zehngeschossigen Neubau. Die resolute, herzliche Person besitzt das volle Vertrauen der alten Dame, die sich nur noch schlecht bewegen kann, aber geistig rege ist. Wie selbstverständlich hat Iris L. deshalb auch Kontenzugriff.

Aber die Schwiegertochter von Anita M. traut der emsigen Pflegerin nicht über den Weg. Bereits Ende 2003 erstattete sie eine Betrugsanzeige gegen sie. Als Anfang Juni 2004 Beamte des Betrugsdezernats vor der Wohnungstür von Anita M. stehen, um der Anzeige der Schwiegertochter nachzugehen, erfahren sie vom Tod der Rentnerin. Sie schöpfen Verdacht und stellen sofort einen Antrag auf Obduktion. Das Ergebnis der Untersuchung, die zwei Tage vor dem offiziellen Einäscherungstermin liegt, ist erschütternd: Anita M. starb eines unnatürlichen Todes. Sie wurde erdrosselt, nachdem zuvor offenbar ein Vergiftungsversuch gescheitert war.

Die Ermittlungen bringen die Staatsanwaltschaft auf die Spur von Pflegerin Iris L., die kein unbeschriebenes Blatt ist. Gerade verbüßt sie eine Bewährungsstrafe wegen Betrugs. Alle Indizien weisen auf eine Täterschaft der gelernten Apothekenhelferin hin. Noch im Juli 2004 wird Iris L. verhaftet. Sie räumt die Betrugsdelikte auch ein, bestreitet aber die Mordtat.

Anfang März 2005 betritt Iris L. beschwingt den Gerichtssaal, so, als handle es sich um ein Betriebsvergnügen. Sie ist eine kleine Frau mit kurzem, blondem Haar, die Hilfsbereitschaft und Offenheit signalisiert. Ein Zuschauer raunt verwundert: „Sieht so eine Mörderin aus?" Als Staatsanwalt Holger F. die Anklage verliest, fühlt sich wohl mancher genötigt, seine Menschenkenntnis auf den Prüfstand zu stellen.

Innerhalb von vier Jahren soll Iris L. die Konten von sieben Rentnern geplündert haben, bei denen sie als Putzhilfe oder Pflegerin beschäftigt war. Sie beglich mit dem Geld ihrer Patienten zahlreiche Rechnungen von Versandhausbestellungen, kaufte Videokassetten und handelte mit den verschreibungspflichtigen Medikamenten der Alten.

Iris L. fälschte Urkunden, stahl, borgte sich Geld, das sie nicht zurückzahlte und erschlich sich das Vertrauen von Anita M., indem sie sich fälschlich als Gattin eines Polizeibeamten vorstellte. Das Diebesgut, darunter auch Schmuck, brachte sie ins Pfandleihhaus. Als sie die Ersparnisse von Anita M., circa 20.000 Euro, verbraucht hatte und kein Geld für die Miete mehr da war, ermordete Iris L. die alte Dame aus Angst vor Entdeckung der Diebstähle. So stellt es die Staatsanwaltschaft in ihrer Anklage dar.

Während der Anklageverlesung sitzt Iris L. bescheiden und gelegentlich lächelnd da. Sie hält die Hände ruhig gefaltet und lässt über ihre Verteidigerin wissen, dass sie von ihrem Aussageverweigerungsrecht Gebrauch macht.

In einem früheren Verfahren wegen Betrugs soll Iris L. erklärt haben, sie sei seit einem Besuch in den Spielhöllen von Las Vegas spielsüchtig. Staatsanwalt F. hält jedoch eine krankheitsbedingte Motivationslage, die damit wohl suggeriert werden soll, für ausgeschlossen. Auch ein anderer Täter kommt für ihn nicht in Betracht: „Alle Indizien weisen auf Iris L. als Mörderin hin. Auch wenn Iris L. wohl offenbar selbst glaubt, sie war es nicht." Wenn die Staatsanwaltschaft dem Gericht ihre Indizien-kette glaubhaft machen kann, droht der Täterin eine lebenslan-ge Freiheitsstrafe.

Das Gericht verurteilte Iris L. anderthalb Monate später wegen Mordes zu lebenslanger Haft. Die Apothekenhelferin hatte zwar bis zuletzt die Tat geleugnet, die Strafkammer hielt es jedoch für erwiesen, dass die Angeklagte ihr Opfer zur Finanzierung ihrer Spielsucht ausgeraubt und aus Angst vor Entdeckung erwürgt hatte.

Mord oder Sterbehilfe?
Teil 1 „Dort, wo täglich Leben gerettet wird, schwimmt doch keiner gegen den Strom"

„Vielen Dank für die gute Zusammenarbeit!", sagt Rita L. (54) unter Tränen zu ihrem früheren Vorgesetzten, der als Zeuge vor dem Landgericht Berlin gegen sie aussagt. Die angeklagte Krankenschwester, die zehn Jahre lang auf der kardiologischen Intensivstation der Berliner Charité arbeitete, soll in der Zeit vom 28. Juni 2005 bis zum 2. Oktober 2006 sechs Patienten mit blutdrucksenkenden Medikamenten getötet haben. Im April 2007 steht sie deswegen vor Gericht.

Vier von sechs Tötungen gab Rita L. am ersten Tag der Hauptverhandlung zu. Sie habe „dem Willen der Patienten entsprechend und zu deren Wohl" gehandelt, trägt Rechtsanwalt R. für sie vor und deutet damit die Verteidigungsstrategie in Richtung

Tötung auf Verlangen an. Hierfür droht, anders als für Mord, maximal eine Haftstrafe von fünf Jahren.

Die anderen zwei Taten habe die kurzhaarige, streng wirkende Frau nicht begangen. Sie bedauere zutiefst, dem Ansehen der Klinik geschadet zu haben. In der Haft habe sie erstmals Zeit und Ruhe, über ihr Leben nachzudenken. „Ich versuche, Gott, dem Herrn, mein Verhalten zu erklären", so Rita L.

Dafür, dass die Angehörigen durch das Gerichtsverfahren den Todesfall erneut durchleben müssen, bittet sie um Verzeihung. Rita L. ergänzt: „In unserer Welt ist es oft nicht sehr einfach. Die Menschen werden älter und können noch älter werden. Ich bedauere zutiefst, dass ich mit meiner Hand in das Schicksal von Menschen eingegriffen habe. Ich weiß jetzt, dass das eine Straftat war, und dafür werde ich büßen müssen."

Am 16. August 2006 erfuhr ein Pfleger aus dem Gespräch zweier Stationsärzte vom Ende der medizinischen Bemühungen um den Patienten Heinrich S. Der 77-Jährige lag im Sterben und sollte keine Medikamente mehr bekommen. Der Pfleger nahm gerade Blut bei dem Bettnachbarn von Heinrich S. ab, als er durch den trennenden Vorhang hindurch die typischen Geräusche hörte, die beim Aufziehen und Spritzen einer Injektion entstehen.

„Was spritzt sie da?", fragte sich der Kollege. Später bemerkte er auf dem zentralen Monitor den extrem gefallenen Blutdruck des Todkranken. Als er kurz darauf wieder in das Zimmer trat, hörte er, wie Rita L. eine Ampulle in den Papierkorb warf. Weil ihm das merkwürdig vorkam, nahm der Pfleger die Ampulle des Blutdrucksenkers NPN an sich. Schließlich war es der einzige stoffliche Beweis für sein Misstrauen, das sich, wie er später erklärte, „zu 70% auf akustische Wahrnehmungen gründete".

Bei der Übergabe an den Nachtdienst sprach er mit zwei Kollegen über seinen Verdacht und bat sie, diese Information für sich zu behalten, aber während seines Urlaubes der Schwester gegenüber wachsam zu sein.

Warum er nicht gleich zur Polizei gegangen sei, will das Gericht wieder und wieder von ihm und auch von Rita L.s Kollegen wissen. Warum wartete er ab, bis wieder ein Mensch auf mysteriöse Weise starb? Warum verstrichen Tage, bis der Klinikdirektor und später der Dekan über den Verdacht informiert wurden?

Die Antworten der drei Kollegen, zweier Pfleger und eines Stationsarztes, lauten gleich: „Vertrauen ist die Basis unserer Arbeit", so der Stationsarzt. Reanimationen, die auf einer Intensivstation an der Tagesordnung sind, verlangen blindes Vertrauen der Kollegen untereinander, „sonst stirbt der Patient". Der Pfleger, der den Verdacht als erster hegte, formuliert es so: „Dort, wo täglich Leben gerettet wird, schwimmt doch keiner gegen den Strom."

Außerdem hätte ein falscher Verdacht schwerste arbeitsrechtliche Konsequenzen nach sich gezogen, verteidigt sich der Stationsarzt. Allen drei Kollegen sei aber aufgefallen, dass Rita L. seit etwa drei Jahren ausgebrannt wirkte. Ihre kinderlose Ehe kriselte und wurde im September 2006 nach 33 Jahren geschieden. Doch das Angebot, weniger zu arbeiten, wollte die Schwester nicht annehmen.

Bei ihren Kollegen sei Schwester Rita L. nicht sehr beliebt gewesen. Neben ihrer Dominanz nervte die Kollegen vor allem ihr Singen und Pfeifen während der Arbeit. In den letzten Monaten vor ihrer Verhaftung habe sie die Patienten ruppig behandelt, schilderte ein Pfleger. Anerkennung erhielt sie vor allem für ihre gute Betreuung der Angehörigen von sterbenden Patienten.

Mordende Pflegekräfte sind in Deutschland kein Einzelfall. Oft handelt es sich um Personal, das dem Stress nicht oder nicht mehr gewachsen ist, so das Ergebnis von Studien. Die

Charité hat infolge dieses erschreckenden Vorfalls einen anonymen Briefkasten eingerichtet, über den Mitarbeiter ihre Verdachtsfälle frühzeitig mitteilen können. Ob er von den Kollegen im Fall Rita L. genutzt worden wäre? „Möglicherweise", so die Antwort der zwei befragten Pfleger.

Drei Monate dauert das Verfahren, das mit durchschnittlich zwei Terminen wöchentlich am 29. Juni 2007 zu Ende ging. Hier die zweite und letzte Reportage zu diesem Prozess:

Mord oder Sterbehilfe?
Teil 2 „Es gibt kein weniger wertvolles, weniger schutzwürdiges Leben"

Im Sommer 2006 arbeitet Rita L. auf der kardiologischen Intensivstation der Charité in Berlin-Mitte. Einige Kollegen halten sie für „schnippisch", „nervend", „dominant". Andere finden sie „kollegial", „kompetent" und „besonders einfühlsam". Ihre Chefs, darunter Professor Gert B., Direktor der Klinik für Kardiologie und Angiologie der Charité, bauen auf die berufliche Kompetenz der erfahrenen Schwester.

Mit 30 Jahren Berufserfahrung auf Intensivstationen ist Rita L. ein „alter Hase". Im Jüdischen Krankenhaus (Wedding), in dem sie fast 20 Jahre auf der Intensivstation tätig war, arbeitete sie zuletzt als Leitende Stationsschwester. Doch es gibt Verstimmungen mit den Kollegen, die schließlich so stark sind, dass Rita L. sich mit einem Aufhebungsvertrag verabschiedet. 1995 fängt sie als Krankenschwester in der Charité beruflich praktisch wieder „von vorn" an.

In dieser Zeit wohnt sie in Reinickendorf. Nachdem ihr Mann sich 1998 mit einem Kurschatten liiert hat, lebt sie allein in der Zweizimmerwohnung. Sie ist gläubig, besucht regelmäßig die Kirche, interessiert sich für den Schwarzen Kontinent und reist gern. Rita L. ist trotz ihrer schweren Arbeit eine Frau mit Empathie. Als im Juli 2006 die Schwester ihrer Freundin mit 63 Jahren nach schwerer Krankheit stirbt, nimmt sie stark Anteil.

Zur gleichen Zeit laufen aber auch erste Beschwerden über Rita L. bei der Stationsschwester ein. Sie schlage die Patienten, sei ruppig zu ihnen. Kirsten U. gibt die Information an die Leitung des Pflegedienstes weiter. Doch die Sache verläuft im Sande. Ein halbes Jahr zuvor hat Rita L., wie wir heute wissen, bereits zum ersten Mal gemordet. Während einer Reanimation setzt sie dem Patienten Volker A. (66) eine tödliche Dosis NPN. Wenige Augenblicke später ist er tot.

Rita L.s Stand bei den Kollegen verschlechtert sich zunehmend. Sie macht ihren Job und darüber hinaus noch etwas mehr. Am Sonnabend, dem 19. August 2006, spritzt Rita L. gegen 18:45 Uhr den schwer herzkranken, an Alzheimer und Parkinson leidenden Heinrich S. (77) in den Tod. Uwe S. (42), ein Kollege, der hinter einem Vorhang am Bett eines anderen Patienten steht, hört das Aufziehen der Spritze, das Aufprallen der Ampulle im Mülleimer, schöpft Verdacht und teilt ihn zwei weiteren Kollegen mit. Doch nichts weiter geschieht.

Einen Monat später an einem frühen Nachmittag trifft es Doris D. (48). Auch die an Herzmuskelschwäche leidende Frau hat nicht mehr lange zu leben. Aber sie möchte zu Hause in Wolfenbüttel im Kreise ihrer Familie sterben. Der Transport ist bereits vorbereitet. Der ahnungslose VW-Werker Uwe D. hält die Hand seiner Frau, als Rita L. ihr die tödliche Spritze setzt.

Eine Woche darauf injiziert Rita L. dem 52-jährigen Paul G. während der Reanimation NPN in tödlicher Dosis. Am nächsten Morgen tauschen zwei Ärzte und die Stationsleiterin Heide I. während einer Dienstbesprechung ihre Bedenken und ihren Verdacht gegen Rita L. aus. Und wieder erstattet die Stationsleiterin Meldung an die Pflegeleitung. Doch wieder geschieht nichts.

Am 2. Oktober 2006, also wieder eine Woche später, spritzt Rita L. dann ihrem letzten Opfer, Josef N. (62), eine tödliche Dosis des Schlafmittels Dormicum. Auch Josef N. hat nur noch eine sehr begrenzte Lebenserwartung, ist schwer krebskrank und leidet an einer Herzmuskelstörung.

Wöchentlich ein Todesfall auf einer Station, die bisher durchschnittlich einen Todesfall monatlich zu verzeichnen hatte – das ist zu viel. Die Klagen über Rita L., der schwere Verdacht ... Jetzt endlich informiert der zuständige Stationsarzt den Klinikdirektor Professor Gert B., der seinerseits den Vorstand und die Kriminalpolizei verständigt. Am Mittwoch, dem 4. Oktober 2006, wird Rita L. verhaftet.

Zunächst gesteht die Beschuldigte zwei Tötungsdelikte. Sie erklärt jedoch, dass sie das Leiden der Patienten habe verkürzen wollen. Die Charité gerät ins Rampenlicht einer bestürzten Öffentlichkeit und gibt bekannt, 134 Todesfälle abklären zu wollen. Unter diesen findet sie 15, die in Dienstzeiten von Rita L. fallen. Die entsprechenden Akten gehen als Beweismittel an die Kripo. Die Patientenlisten geraten in Kopie leider auch an rücksichtslose Medienvertreter, die daraufhin trauernde Angehörige mit Anrufen bedrängen.

Ein Vierteljahr später erhebt die Staatsanwaltschaft Anklage gegen die Krankenschwester, zunächst wegen fünffachen Mordes. Weitere drei Monate darauf lautet die Anklage auf sechs Morde und zwei Mordversuche. Aus den Medien ist nun zu erfahren, dass die Charité ihre Stationsschwester Heide I. suspendiert hat, drei Pfleger auf eigenen Wunsch freigestellt wurden und eine Kommission daran arbeitet, die Vorgänge zu untersuchen sowie präventive Maßnahmen zu ergreifen. Die verantwortlichen „Götter in Weiß" bleiben unbehelligt.

Anderthalb Jahre nach der ersten Tat spricht die 22. Große Strafkammer nach neun Verhandlungstagen ein Urteil. Lebenslange Haft wegen fünffachen Mordes heißt es für Rita L., die das Urteil zunächst relativ gefasst aufnimmt. Dann aber bricht sie, vielleicht bei der Vorstellung, nach Haftverbüßung 70 Jahre alt zu sein, doch in Tränen aus.

Wohltuend klare Worte fand der Vorsitzende Richter Peter F. in seiner Urteilsverkündung. „Es gibt kein weniger wertvolles, weniger schutzwürdiges Leben", betonte er mit Verweis auf das Grundgesetz. Wohl sei eine Verhinderung von Schmerzen unter Inkaufnahme von Verkürzung von Leben statthaft. Aber mit Sterbehilfe habe der vorliegende Fall „absolut nichts zu tun". Weder aktiv noch passiv. Die Arbeitsbedingungen, unter denen Rita L. tätig war, nannte Richter F. allerdings „ernüchternd". Das rechtfertige jedoch nicht, so der Richter, die Taten. Denn eine Intensivstation müsste eine Zone absoluter Gewaltlosigkeit sein.

Starke Kritik ging auch an die Administration der Charité. Wer so etwas zuließe, mache sich strafbar. Richter F.: „Arbeitsrechtliche Bedenkenträgerei darf keinen Raum haben, wenn die Gesundheit von Patienten gefährdet ist." Er vermisse in einem so sensiblen Arbeitsbereich die Einrichtung von Supervision und die Möglichkeit anonymer Fehlermeldungen.

„Wir wissen nicht, warum Rita L. die Taten begangen hat", erklärte der Vorsitzende Richter. Rita L., die in einer ersten Erklärung die Angehörigen der Opfer um Vergebung bat, hatte in ihrem letzten Wort von einem „absurden Irrtum" gesprochen.

Vorsatz, Heimtücke, uneingeschränkte Schuldfähigkeit – Rita L. wurde zu einer lebenslangen Haftstrafe verurteilt. Eine Haft, die nach Verbüßung von 15 Jahren zur Bewährung ausgesetzt werden kann. Da das Gericht eine besondere Schwere der Schuld nicht feststellen mochte, bleibt es zunächst dabei.

Doch die Staatsanwaltschaft hat bereits Revision angekündigt. Sie beharrt auf der besonderen Schwere der Schuld. Und auch Rechtsanwalt Mirko R. prüft für seine Mandantin Rita L. bereits die Möglichkeit einer Revision, die eine Verurteilung wegen Totschlag zum Ziel hat.

Die Nebenkläger Fred und Petra S. indessen, Verwandte eines der Opfer, wollen die Charité auf Schadensersatz verklagen. Rechtsanwalt Klaus B. erklärte für seine Mandanten, das Ehepaar: „Wir werden zivilrechtlich Ansprüche gegen die Charité geltend machen."

Rita L. war mehrere Monate nach Urteilsspruch beim Bundesgerichtshof in einem ihr wichtigen Punkt erfolgreich: Der BGH verneinte das Mordmerkmal der niederen Beweggründe. Rita L. hatte seit Beginn des Prozesses angegeben, in gutem Sinn gehandelt zu haben. Das Strafmaß blieb von dieser Entscheidung unberührt.

„Killer-Bräute"

In der Diskothek „Goya" in Schöneberg kommt es in der Nacht zum 31. August 2008, zu Beginn des muslimischen Fastenmonats Ramadan, zu Tätlichkeiten. Fünf junge, türkische Frauen suchen untereinander Streit und pöbeln auch männliche Diskothek-Besucher an. Zwei besonders aggressive Türkinnen setzt der Sicherheitsdienst morgens gegen 6 Uhr vor die Tür. Laut Klageschrift handelt es sich um die heute angeklagten Kellnerinnen Kutay B. (32) und Banu T. (25). Als sich der 21-jährige Maksut V. in den Disput der Frauen mit dem Sicherheitsdienst schlichtend einzuschalten und diese zurechtzuweisen sucht, sticht eine der beiden Frauen den Mann nieder. Der Azubi eines Sicherheitsdienstes geht schwer verletzt zu Boden und überlebt nur dank einer Notoperation.

Der Name Banu bedeutet so viel wie „die Angesehene", auch „Königin" oder „Prinzessin". Im alten Persien waren Banus junge, schöne, adlige Frauen, die sich ihre Ehemänner selbst wählen durften. Die Angeklagte Banu T. ist Kellnerin und lebt im Wedding. Sie wuchs ohne Mutter bei ihrem Vater auf. Banu T. hat sich einen besonderen Ruf im Viertel erworben: Unter Jugendlichen im Wedding und in Kreuzberg gilt sie als „Killer-Banu", als „Psycho-Banu". Dabei wirkt die zierliche Angeklagte eher weiblich, gepflegt, auf ihr Äußeres bedacht. Ein Zeuge sagt am 28. April 2009 vor Gericht, sie sei ein „Möchtegernkiller", eine Frau, die sich gern mit Jungs prügelt und vor Strafrichtern schon einige Erfahrungen gesammelt hat. Banu T. erklärt selbst: „Ich kann meine Aggressionen nicht halten. Ich kann mich nicht stoppen." Und sie sagt: „Aber ich habe auch meine guten Seiten, bestimmt."

Letztere stehen am 28. April 2009 jedoch nicht zur Debatte. Kutay B. und Banu T. haben sich wegen versuchten Mordes zu verantworten. Dessen ist sich Banu T. offenbar bewusst, denn sie kann am Beginn der Hauptverhandlung zunächst ihre Tränen nicht zurückhalten. 15 Jahre Haft stehen zur Disposition, bei Strafmilderung zumindest eine Freiheitsstrafe ab drei Jahren.

Dabei fing am 31. August 2008 alles harmlos an. Banu T. und ihre Freundinnen trafen sich, um den Geburtstag einer der Frauen im „Goya" zu begehen. Gegen 3 Uhr betraten sie die Diskothek. Kutay B., schon seit einer Stunde dort, hat neue Schnürstiefel, die sie Banu T. stolz präsentiert.

Ob die beiden Frauen zu der Streit suchenden, pöbelnden Frauengang gehören, die das „Goya" unsicher machten – Banu T. und Kutay B. sagen nein. Auch untereinander wollen sie sich eigentlich kaum gekannt haben. Kutay B. hält Banu T. für cool und großspurig. Ihr Verhältnis ist dadurch getrübt, sagt Kutay B., dass es die jüngere Frau bei ihrer ersten Begegnung, sozusagen als Einstieg, unterließ, ihre Zeche zu begleichen.

Banu T. dagegen hält Kutay B. für unbeherrscht, ja gefährlich. Fest steht, beide Frauen haben an diesem Abend Streit untereinander, aber auch mit dem Sicherheitspersonal. Kutay B. zankt sich mit dem Sicherheitsdienst um die Rückgabe ihres Messers. Banu T. sucht Händel mit dem Barkeeper, weil sie das Nichtrauchergebot nicht akzeptieren will. Sie widersetzt sich mit allen Kräften dem zwangsläufigen Rausschmiss.

Es ist gegen 6 Uhr, als Maksut V., das spätere Opfer, mit seinem Bruder Babür (20) den Klub verlässt. Auch er feierte im „Goya" seinen Geburtstag. Seine Freundin hat er bereits gegen Mitternacht ins Taxi gesetzt und nach Hause geschickt. Er sieht die attraktive Banu T. mit den Türstehern streiten. Zunächst glaubt er, der jungen Frau beistehen zu müssen. Doch als er merkt, worum es geht, fährt er Banu T. an: „Was machst du hier, Mädchen. Du glaubst wohl, du wärst ein Junge? Mach, dass du nach Hause kommst!"

Kutay B., die diese Nacht zweimal auf der Toilette Kokain geschnupft hat, hockt derweil neben dem Eingang des Klubs. In diesem Augenblick eskaliert die Situation zwischen Banu T. und dem vier Jahre jüngeren Maksut V., der glaubt, seinen Status als Mann gegenüber der angetrunkenen, erregten Frau geltend machen zu müssen.

Ein unerfreulicher Wortwechsel, Todesverachtung wird durch verächtliches Spucken ausgedrückt. „Ach, lass doch! Sie ist doch nur ein Mädchen!", versucht einer der Umstehenden die Situation zu bagatellisieren. Tatsächlich wendet sich Maksut V.

ab. Hat er zuvor die beleidigenden Worte „Ich zieh deiner Mutter die Schlüpfer über den Kopf!" gesprochen, oder hat er das nicht getan?

Banu T. jedenfalls sah in diesem Moment „schwarz", wie sie sagt. Sie stöckelt hinüber zu Kutay B. Hat sie Kutay B. um ihr Messer gebeten, oder nötigte ihr diese das Messer mit der Bemerkung auf „Wenn du ihn nicht abstichst, steche ich dich ab!"?

Jedenfalls stürzt Banu T., das Messer hinter dem Rücken haltend, auf ihren Kontrahenten zu. „Solange ich das Messer hatte, habe ich zugestochen", sagt sie später vor Gericht. Sechs Stiche fügen dem jungen Mann erhebliche Verletzungen zu, Stichverletzungen an Kopf und Oberkörper.

Einem der Umstehenden gelingt es, die blindwütige Frau durch einen gezielten Schlag aufs Auge außer Gefecht zu setzen und ihr das Messer zu entwinden. Ein Zeuge erklärt, beide Frauen hätten daraufhin versucht, mit dem Taxi zu flüchten. Sicherheitskräfte mussten die in die Sitze des Taxis „verkrallten" Frauen mit Gewalt ins „Goya" zurückbringen.

Die Angeklagten, die an wesentlichen Stellen ihrer Aussage immer wieder über Erinnerungslücken klagen, widersprechen dem vehement. Banu T. sagt: „Ich lief in Richtung Taxistand. Dort ging ich am Rinnstein ohnmächtig zu Boden."

Wie sich der Angriff auf Maksut V. im Einzelnen am 31. August 2008 tatsächlich zutrug, wird wohl nicht bis ins Letzte aufgeklärt werden können. Klar ist jedoch, dass sich Banu T. in blinder Wut mit gezücktem Messer auf das Opfer stürzte und mehrfach zustach. Die Steilvorlage hierzu lieferte als Komplizin Kutay B.

Die 32. Große Strafkammer befand nach mehrtägiger Verhandlung beide Angeklagten für schuldig. Am sechsten Tag der Hauptverhandlung verurteilte sie Banu T. wegen versuchten

Totschlags in Tateinheit mit gefährlicher Körperverletzung zu einer Freiheitsstrafe von vier Jahren und zehn Monaten und ordnete die Unterbringung der jungen Frau, der durch einen Sachverständigen eine tiefgreifende Persönlichkeitsstörung bescheinigt wurde, in einer psychiatrischen Klinik an. Kutay B., die ihre Freundin zur Tat angestachelt und ihr das Messer gegeben hatte, erhielt wegen gefährlicher Körperverletzung eine Haftstrafe von drei Jahren und zehn Monaten. Ihre Schuldfähigkeit war in keiner Weise eingeschränkt.

Blutiger Befreiungsschlag

Der 27. Mai 2006 ist eigentlich ein ganz normaler Tag für die Kreuzberger Familie L., die aus drei heranwachsenden Töchtern und dem alleinerziehenden Franz L. besteht. Janin (15), Karin (19) und Franziska (21) leben seit der Scheidung ihrer Eltern vor acht Jahren bei ihm. Der Vater bekam das Sorgerecht für die Mädchen zugesprochen, weil seine Frau an schwerer Epilepsie erkrankte.

Franziska ist eine kleine, schmächtige Person, die eher kindlich-schüchtern wirkt. Seit ihrer Geburt ist sie taub und blieb, was mit einiger Förderung hätte vermieden werden können, leider auch stumm. Franz L., eigentlich „nur" der Stiefvater Franziskas, fühlt sich aber wie ein leiblicher Vater voll verantwortlich, behütet seinen Frauenhaushalt und meint zu wissen, was seinen Töchtern guttut.

Franziska, die als 21-jährige Frau bereits auf dem Sprung in ein eigenes Leben sein sollte, kämpft mit ihrem Vater um das Recht einer ersten großen Liebe. „Ich bin auch nur eine Frau!", begehrt sie gegen Franz L. auf, der ihren Liebsten ungesehen mit den Worten „Entweder er oder ich!" rundheraus ablehnt. Obwohl sich Franziska von ihrem Vater missverstanden fühlt, fügt sie sich den Wünschen des dominanten, kräftigen, untersetzten Mannes. Zunächst auch an diesem Sonnabend, an dem die Sonne sich rar macht und es abends in Strömen regnet.

Schon den ganzen Tag hat Abay, ein junger Türke, die älteste Tochter von Franz L. mit Handynachrichten überhäuft. Franziska lernte den jungen Mann einen Monat zuvor auf dem Weg zum Treff für Gehörlose auf der Friedrichstraße kennen, in dessen Nähe Abay auch wohnt. Obwohl Franz L. den jungen Mann noch nicht kennt, hegt er gegen den potenziellen Schwiegersohn bereits die Aversion eines liebenden Vaters, der seine Tochter nicht ziehen lassen kann. Als Abay Franziska gegen 21:30 Uhr telefonisch um ein Treffen bittet, lehnt Franz L. das ab: „Es goss wie aus Eimern", erklärt Franz L. später vor Gericht, „und um drei viertel zehn, da muss man nicht antanzen!"

Abay „tanzt" aber doch an und klingelt sogar an der Haustür. Als die gefügige Franziska hinuntergehen will, um ihrem Freund abzusagen, stellt sich ihr der treu sorgende Vater in den Weg: „Gibt es nicht!" Er zieht sie an den Haaren, hält sie so fest, dass es blaue Flecke gibt, schubst sie, Franziska fällt. In diesem Moment muss sich in der schmächtigen Frau ein gefährlich explosives Gemisch, hervorgerufen von dauernder Ohnmacht und fortwährendem Nichtverstandensein, entladen haben. Die

Frau, die sich heute selbst nicht versteht, sagt später zu ihrem Gutachter: „Ich habe ihn nicht töten oder verletzen wollen. Es war mein Arm, der gestochen hat."

Der Arm, der sich also kurz darauf ganz von selbst zu einem blutigen Streich versteift, greift nach dem nahe liegenden Messer. Franziska fordert Franz L. auf, beiseitezutreten. Der aber lacht nur und stachelt seine Tochter ungläubig auf: „Mach doch! Mach doch!" Franziska sticht tatsächlich zu. Franz L. sackt, in die Leber getroffen, zusammen. Von ihrer Schwester Janin, die den so schnell eskalierten Streit beobachtet, an der Flucht gehindert, verkriecht sich die junge Frau zitternd und in Furcht, ihren Vater getötet zu haben, unter dem Bett.

Stiefvater Franz L. kann jedoch durch eine Notoperation gerettet werden. Nach drei Wochen Krankenhausaufenthalt ist er wieder fit. Franziska B. kommt in die geschlossene Abteilung des Maßregelvollzugs, wo sie nach sieben Wochen haftverschont entlassen wird. Über ein Obdachlosenasyl gelangt sie in eine betreute Gehörlosen-WG und arbeitet derzeit als Köchin in einer Behinderteneinrichtung. Ein Einzelwohnen ist avisiert, so ein Vertreter der Jugendhilfe als Zeuge vor Gericht, der auch sagt: „Franziska ist jetzt glücklich."

Obwohl nach diesem brachialen Befreiungsschlag alles wieder im Lot ist und Franz L., der seiner Tochter längst verziehen hat, nichts weniger wünscht, als dass seine Tochter eine Haftstrafe verbüßt, muss sich Franziska B. am 8. Februar 2007 wegen versuchten Totschlags in Tateinheit mit schwerer Körperverletzung vor Gericht verantworten. Eine Straftat, die gemäß § 212 StGB eine Haftstrafe nicht unter fünf Jahren nach sich zieht.

Am 8. Februar 2007, dem Tag der Hauptverhandlung, wird am Schicksal von Franziska B. vor allem die Misere eines zwar geliebten, aber wenig verstandenen, schlecht geförderten Kindes mit Gehörschaden offenbar. Mit acht Jahren in eine Schule für geistig behinderte Menschen eingeschult, kam Franziska spät und erst nach einer Umschulung in einer Gehörlosenschule mit der Gebärdensprache in Kontakt.

Während sich Mutter und Vater und auch ihre kleine Schwester Janin die Gebärdensprache leidlich zu eigen machten, blieb es bei grundsätzlichen Kommunikationsschwierigkeiten. Unglücklich war die geistig aufgeweckte Frau nach dem Abschluss der Schule im Jahr 2005 auch in der Behindertenwerkstatt, in der außer ihr durchweg Hörende beschäftigt waren.

Ein strenges Plädoyer der Staatsanwaltschaft am Ende der Beweisaufnahme lässt zunächst Schlimmes für Franziska B. befürchten. Der Kläger sieht den Tatvorwurf des versuchten Totschlags nebst gefährlicher Körperverletzung bestätigt, stellt auch die Schwere der Schuld fest. Er fordert schließlich eine Jugendstrafe von zwei Jahren, ausgesetzt auf zwei Jahre zur Bewährung. Die Verteidigerin des Mädchens hält dagegen ein flammendes Plädoyer. Sie glaubt, ein vierwöchiger Dauerarrest als erzieherische Maßnahme sei ausreichend, und erklärt: „Bei besseren Kommunikationsmöglichkeiten wäre es nicht zu dieser Eskalation gekommen."

Die Schwurgerichtskammer verhängt schließlich eine milde Strafe im Sinne des Jugendgerichtsgesetzes: zehn Monate Haft, ausgesetzt auf zwei Jahre Bewährung wegen versuchten Totschlags und gefährlicher Körperverletzung. In ihrer Urteilsbegründung relativierte die Strafkammer die Schwere der Schuld an der Tat, die sie durch eine Affektlage gemildert sah.

Es ist schwer nachvollziehbar, so der Vorsitzende Richter, dass ein Vater seine 21-jährige Tochter am Verlassen der Wohnung zu hindern suche. Allerdings sind Messerstiche kein geeignetes Mittel, sich dem väterlichen Willen zu widersetzen. Nach Verkündung des Urteils war neben den Prozessbeteiligten auch den meisten Zuhörern die Erleichterung über das milde Urteil vom Gesicht abzulesen.

Metzelei im Nebel

Weil der gerade aus der Haft entlassene Fedor P. (42) das feuchtfröhliche Tête-à-Tête von Irina U. und Lew S. (36) störte, kam es am späten Abend des 23. September 2008 zwischen den aus den GUS-Staaten stammenden Bekannten zum Streit. Das unter diversen Namen in der Bundesrepublik brillierende „Paar des Abends" setzte dem unwillkommenen Besucher derart zu, dass dieser lebensgefährlich verletzt und des rechten Ohres beraubt zu Boden ging. Nachdem der weißrussische studierte Elektroingenieur und die in Litauen geborene Buchhalterin – beide offenbar sturzbetrunken – den leblosen Fedor P. vor der Haustür zwischen zwei Autos abgelegt hatten, rettete nur der Zufall dem ungelernten Bauarbeiter das Leben

Die mondlose Nacht vom 23. zum 24. September 2008 ist feucht und kalt. Für Doris V. (64) ist es keine Nacht wie jede andere. Am Tag zuvor verstarb ihre Mutter. Die gelernte Röntgenassistentin nimmt in der Wohnung der Verstorbenen trauernd von ihr Abschied. Noch immer respektiert sie das

Nichtrauchergebot der Mutter. Zigarette um Zigarette rauchend, steht sie auf dem Balkon der Wohnung und starrt hinaus in die Nacht.

Doris V. glaubt zu träumen, als sie gegen 2 Uhr zwei Menschen einen reglosen Körper auf die Straße schleifen sieht. Eine blonde Frau ist dabei, das sieht sie. „Wie eine Puppe wurde die Person über den Gehweg gezogen", erinnert sie sich später vor Gericht, „und zwischen zwei Autos im Rinnstein abgelegt".

Als sich Doris V. sicher ist, nicht das Opfer eines Trugbildes einer unwirklichen Nacht zu sein, ruft sie die Polizei. Wie sie beobachtet, haben sich die tatverdächtigen Personen in der Zwischenzeit in einen Hauseingang gehockt, wo sie sich gedämpft unterhalten – so, als würden sie darüber beratschlagen, was jetzt zu unternehmen sei.

Wenig später werden Irina U. und Lew S. mit mehr als 2,41 und 1,22 Promille Alkohol im Blut in Tatortnähe verhaftet. Irina U. lacht und kichert während ihrer Festnahme betrunken in sich hinein. Auch Lew S. scheint nicht ansprechbar und schläft kurz darauf ein. Eine deutliche Blutspur führt die Polizeibeamten in die dritte Etage des gegenüberliegenden Mietshauses.

Den dritten Mann, Fedor P., finden sie lebensgefährlich verletzt im Rinnstein liegen. Den Gesichtsschädel mehrfach gebrochen, mit Schädelhirntrauma, Schnittverletzungen an Kopf und Hals, Bruch des Kehlkopfes und Hämatomen am ganzen Körper – so wird der Mann in die Notaufnahme eines Krankenhauses eingeliefert. Was in den Stunden zuvor geschah, ist nun Gegenstand einer Hauptverhandlung vor dem Berliner Landgericht, in der Lew S. und Irina U. sich wegen versuchten Totschlags verantworten müssen.

Doch viel vermögen die Angeklagten, die übrigens beide bislang mit mindestens zwei Identitäten in der Bundesrepublik in Erscheinung traten, am 10. März 2009 den Tatvorwürfen nicht zu entgegnen. Irina U., schlank, blond, in schwarzes Leder gekleidet, erklärt, es muss wohl einen Streit, möglicherweise um sie, gegeben haben. Fedor P. sei ein verflossener Liebhaber. Erinnern könne sie sich aber an diesen Abend so gut wie nicht. Sie sagt: „Ich habe gebetet, dass er überlebt und kein Pflegefall wird."

Lew S., ein untersetzter, mittelgroßer Mann mit kahlrasiertem Schädel, geht es wohl ähnlich. Drei bis fünf Flaschen Kräuterlikör seien geflossen, berichtet er: „Wie die russische Seele so ist." Und dann hätte ihm jemand eine Flasche auf den Kopf geschlagen. Die Flasche sei mit einem lauten Krachen geborsten. Dann sei er erst im Krankenhaus wieder aufgewacht.

Aber auch das mutmaßliche Opfer, Fedor P., sagt: „Ich erinnere mich an sehr wenig." Am selben Tag aus der JVA Tegel entlassen, habe er sich nach Absprache mit Irina U. in deren Wohnung zu einem Schäferstündchen begeben. Dort fand er allerdings zu seinem Erstaunen auch Lew S. vor, den er aus der JVA Tegel als einen „unguten Mann" kannte.

„Ich kam mir überflüssig vor", sagt Fedor P., der übrigens im Frühjahr 2004 ebenfalls schon einmal zu 14 Monaten Haft wegen gefährlicher Körperverletzung verurteilt worden ist. Wie es in der fraglichen Septembernacht zu dem folgenschweren Streit kam, bei dem er wesentliche Teile seines rechten Ohres einbüßte, das weiß auch er nicht zu sagen.

Entschuldigungen haben beide Angeklagten bereits abgegeben. Und zumindest die Abbitte von Irina U. trägt Früchte. „Ich verstehe das völlig. Ich kenne sie. Ich bin nicht wütend", nimmt Fedor P. das „mea culpa" seiner Gelegenheitspartnerin an. Die Entschuldigung seines Kontrahenten ignoriert er, wenig überraschend. Der sagt: „Ich erinnere mich nicht, du erinnerst dich nicht. Ich brauchte einen Arzt, du brauchtest einen Arzt. Also bitte entschuldige mich."

Was tatsächlich in der Nacht vom 23. zum 24. September 2008, ließ sich schließlich nicht mehr mit Sicherheit rekonstruieren. Anklage und Gericht hielten jedoch folgenden Tathergang für wahrscheinlich:

Demnach habe Fedor P. am Tattag Irina U. aufgesucht, um mit ihr ein Schäferstündchen zu halten. Trotz telefonischer Anmeldung fand der durch die Haft sexuell ausgehungerte Fedor P. seine Zweckfreundin bereits in Gesellschaft vor. In der Hoffnung, die Frau im Laufe des Abends dann doch für sich allein haben zu können, stellte er die mitgebrachte Flasche Wodka zur Verfügung.

Als sich jedoch herausstellte, dass Lew S. nicht beabsichtigte, das Terrain zu verlassen, soll es hierüber zum Streit zwischen den angetrunkenen Männern gekommen sein. Den Anfang machte, da sind sich Anklage und Gericht einig, das spätere Opfer selbst, indem es dem Rivalen die Schnapsflasche auf den Kopf knallte.

Lew S., wegen einer alten Schädelverletzung sensibilisiert, sei hierüber in blanke Wut geraten. Nachdem er durch die Attacke gegen das Ohr des Kontrahenten im Vorteil war, prügelte er Fedor P. in einem übermächtigen Zornesausbruch zusammen, bis dieser bewusstlos vor ihm auf dem Boden lag.

Wer sich dann in Notwehr im Ohr von Fedor P. verbiss und wo das fehlende Stück Fleisch verblieb, muss offen bleiben. Schließlich soll es jedoch die Idee der zu diesem Zeitpunkt volltrunkenen Irina U. gewesen sein, den lebensgefährlich Verletzten auf die Straße zu schleifen. Was als Tatverdeckung gedacht war, rettete Fedor P. paradoxerweise das Leben.

Am letzten Verhandlungstag, nachdem die Karten auf dem Tisch lagen, gestand der Angeklagte Lew S. endlich doch noch, was das Verfahren deutlich verkürzte. Vier Jahre Haft wegen versuchten Totschlags in Tateinheit mit gefährlicher Körperverletzung hieß es schließlich für Lew S., der bereits einschlägig vorbestraft ist.

Irina U., die wie Lew S. zunächst wegen versuchten Totschlags angeklagt war, kam mit einer Bewährungsstrafe von 15 Monaten wegen gefährlicher Körperverletzung davon. An sie erging nach Urteilsbegründung durch die Vorsitzende Richterin der dringende Hinweis, sich den Umgang mit dem Alkohol noch einmal durch den Kopf gehen zu lassen. „Tun Sie das bitte!", fordert Richterin Gabriele S. die alkoholkranke Irina U. nachdrücklich auf.

Fahrlässige Tötung und Tötung auf Verlangen

Freie Hebammen – inkompetente Kurpfuscherei?

Im Jahr 1999 wurden in Berlin 29.856 Kinder geboren. 166 davon tot. Hinter jedem dieser kleinen Wesen, die es nicht schafften, steht eine Geschichte der Trauer, eine Tragödie, hinter jedem ein großes „Warum?". Ehepaar Z. gehört zu den Eltern, die sich diese Frage mit großer Eindringlichkeit stellen. Bis heute können sie den Tod ihrer Tochter nicht akzeptieren. Sie glauben, sie würde heute leben, hätten sie die Verantwortung für ihre Geburt nicht vertrauensvoll in die Hände der Hebammen Kirsten F. (40) und Antje K. (35) gelegt.

Januar 1999, Prenzlauer Berg. Ehepaar Z. freut sich auf Nachwuchs. Sie arbeitet als Finanzbeamtin, er als wissenschaftlicher Angestellter. Es ist das erste Kind, das sie Mitte Mai erwarten, ein Mädchen. Die Schwangerschaft verläuft normal. Nicole Z. (28) besucht regelmäßig ihre behandelnde Gynäkologin.

Als diese ihre Praxis aufgibt, wendet sich das Ehepaar an die Hebamme Kirsten F. Die gelernte und weitergebildete Fachkrankenschwester ist damals 36 Jahre alt und hat bereits 186 erfolgreiche Geburten in Eigenregie begleitet. Sie nimmt den Mutterpass der jungen Frau, in dem o.B. – also „ohne Befund" – bescheinigt wird, entgegen und führt von da an die notwendigen Untersuchungen für eine Normalgeburt durch.

Von Anfang an machen Stefan (24) und Nicole Z. deutlich, dass ihr Kind in der Klinik geboren werden soll. Zu diesem Zweck suchen sie das Klinikum sorgfältig aus. Sie besuchen diverse Krankenhäuser, hören Vorträge und entscheiden sich schließlich für das Virchow-Krankenhaus. Zwar befürchtet Ehepaar Z., im Krankenhaus nicht die gewünschte persönliche Zuwendung wie bei einer Hausgeburt zu erfahren, es zieht aber das Klinikum wegen der umfangreichen medizinisch-technischen Ausstattung vor.

Seit geraumer Zeit hält Nicole Z. ein Reiseköfferchen mit den nötigen Sachen parat – falls es schnell ins Krankenhaus gehen soll. Am 17. Mai ist es soweit. Das Kind will kommen. Das Mädchen ist zwar sehr kräftig und etwas über den Termin, aber Hebamme Kirsten F. sieht keine Probleme für die Geburt.

Am Morgen des 17. Mai 1999 ruft Nicole Z. ihre Hebamme an. Ja, auch sie meint, heute wird das Kind geboren. Kirsten F. soll später vorbeikommen, um das entscheidende Signal zur Fahrt in die Klinik zu geben.

Doch dann wird die Hebamme zu einer anderen Geburt gerufen. Sie schickt ersatzweise ihre Kollegin Antje K. Die empfiehlt der aufgeregten Schwangeren: „Sie können jetzt fahren, aber auch noch etwas warten." Sie setzt hinzu: „Warum wollen Sie überhaupt im Krankenhaus entbinden?"

Obwohl Ehepaar Z. eigentlich schon auf dem Sprung ist, das Auto schräg auf dem Bürgersteig geparkt hat, entscheidet es sich nun überstürzt für eine Hausgeburt und legt alle Verantwortung in die Hände der beiden Hebammen. Nicole Z.: „Ich fühlte mich plötzlich so sicher und gut aufgehoben."

Die Geburt zieht sich hin. Doch am frühen Abend ist es dann so weit. Das Mädchen ist endlich da. Kirsten F. legt der glücklichen Mutter das rosige Kind auf den Arm. Nicole Z. sagt: „Du musst jetzt schreien." Aber das Mädchen regt sich nicht.

Kirsten F. glaubt schwache Herztöne zu vernehmen. Die Hebammen bleiben besonnen, handeln rasch und ruhig. Nabelschnur durchtrennen, Absaugen, reanimieren, Notarzt rufen. Aber alle Mühe ist umsonst. Der Tod des Kindes bleibt schleierhaft.

Das trauernde Ehepaar Z. versucht, mit dem Schmerz über den Verlust zu leben. Der Kontakt zu den Hebammen bleibt ein freundlicher. Aber dann findet ihr drängendes „Warum?" seine Nahrung in einem ersten ernsten Zweifel.

So hatten Stefan und Nicole Z. beispielsweise geglaubt, dass die Hebammen während der Geburt von einer Ärztin begleitet würden. Wie sich nun herausstellt, handelte es sich bei der anwesenden weiblichen Person jedoch um eine Praktikantin. War das bewusste Irreführung oder ein Missverständnis? Ihr Misstrauen führt zu Nachforschungen, zu einem Rechtsanwalt und schließlich über die Staatsanwaltschaft vor das Gericht.

Fünf Jahre später, Kirsten F. blickt als Hebamme nun auf 320 erfolgreiche Geburtsbegleitungen zurück, lautet die Anklage gegen sie und ihre damalige Kollegin „fahrlässige Tötung". Ein Delikt, das mit einer Freiheitsstrafe von bis zu fünf Jahren bestraft werden kann.

Die Frage ist: Haben Kirsten F. und Antje K. alle gebotenen, notwendigen Maßnahmen ergriffen, um das Mädchen lebend zur Welt zu bringen? Haben sie die Eltern vorsätzlich getäuscht, um einen gut bezahlten Job machen zu können? Würde das Kind, wäre die Geburt im Krankenhaus betreut worden, heute leben?

Die Gutachter – ein Pathologe, zwei Rechtsmediziner, ein leitender Frauenarzt der Charité und zwei Gutachterinnen des Berufsverbandes außerklinischer Geburten – beantworten diese Fragen mit „Nein" und „Jein". Eine spät angesetzte Obduktion ergibt, dass das Kind während der Geburt zeitweise unter Sauerstoffmangel litt.

Ein medizinisches Problem wird vermutet – bereits 13 Stunden vor der Geburt. Nach Meinung der Gutachterinnen des Berufsverbandes außerklinischer Geburten haben die Hebammen ihre Arbeit verantwortungsvoll und kompetent ausgeführt. Die Gutachterin der Rechtsmedizin kann nicht mit Sicherheit sagen, dass die Sauerstoff-Unterversorgung des Kindes in einer Klinik erkannt worden wäre.

Prof. H., Leiter der Geburtshilfe und Pränataldiagnostik der Charité jedoch wettert: „Das wäre in der Klinik nie passiert!" Denn dort würde jede Gebärende mit der Kardiotokografie (CTG) kontrolliert. Er hält, das ist offensichtlich, die Hebammen für vollkommen inkompetent.

Aber hätte ein CTG, eine kontinuierliche Aufzeichnung der Herzfrequenz des Kindes, tatsächlich die Komplikation angezeigt und dann auch die richtigen Maßnahmen nach sich gezogen? Es gibt viele Gründe für die Veränderung von Herzfrequenzen. Die meisten haben nichts mit Sauerstoffmangel zu tun, sondern resultieren aus völlig normalen Veränderungen des Kindes und seiner Umgebung. Von der Norm abweichende CTG-Aufzeichnungen findet man bei circa 50 Prozent aller Geburten.

In der Vergangenheit führten Überreaktionen auf CTG-Aufzeichnungen zu unnötigen Interventionen in Form von akuten Kaiserschnittentbindungen, Zangengeburten oder Vakuumextraktionen. Seitdem ist dessen Bedeutung relativiert. Das CTG wird von vielen Medizinern nur in Zusammenhang mit weiteren Untersuchungen, wie zum Beispiel der Fetalblutanalyse, als sinnvoll erachtet.

Fünf Jahre verflossen, ehe dieser Fall endlich vor Gericht verhandelt wurde. Schuld daran waren Dezernentenwechsel, Probleme mit der Zuständigkeit der Sachverständigen. Anderthalb Jahre gingen allein auf das Konto der Gerichtsmediziner. Eine Tortur für Kläger und Angeklagte.

Richter Dr. K. legte dafür ein überdurchschnittlich flottes Gerichtsverfahren hin. An einem einzigen Tag, bis in den frühen Abend hinein absolvierte er die vollständige Beweisaufnahme, sodass für den zweiten Prozesstag nur noch die Plädoyers und der Urteilsspruch blieben.

Das mit Spannung erwartete Urteil erging am Mittwoch, dem 17. März 2004. Staatsanwalt S., sichtlich eingenommen gegen die angeklagten Hebammen, beantragte für beide ein halbes Jahr Freiheitsstrafe, ausgesetzt auf zwei Jahre Bewährung. Er begründete, es gehe nicht um einen Glaubenskrieg, ob Haus- oder Klinikgeburt zu präferieren sei, sondern vielmehr darum, ob kausale Fehler bei der Geburt begangen wurden – Fehler, die zum Tod des Kindes der Kläger führten. Das sei seiner Meinung nach der Fall.

Staatsanwalt S. wirft den Hebammen Kirsten F. und Antje K. vor, ihrer Aufklärungspflicht gegenüber dem Elternpaar Z. nicht nachgekommen zu sein, während des Geburtsvorganges zu selten die Herztöne des Kindes gemessen und eine Überführung der Gebärenden in die Klinik unterlassen zu haben. Die Unregelmäßigkeiten der Herzfrequenz des Kindes hätte man in der Klinik feststellen können. Es wären weitere Maßnahmen eingeleitet und das Kind „mit an Sicherheit grenzender Wahrscheinlichkeit lebend geboren worden". Die Pflichtverletzungen der Hebammen, so der Staatsanwalt, verursachten den Tod des Kindes.

Der Rechtsanwalt der Nebenklage, Lutz S., ging erwartungsgemäß über diesen Antrag hinaus. Er forderte ein Jahr Freiheitsentzug, verbunden mit einem Berufsverbot. Mangelnde Fachkompetenz, das Ignorieren früher Warnzeichen seien schuld am Tod des Kindes, so der Rechtsvertreter des geschädigten Ehepaares. Lutz S. erklärte: „Diese Frauen dürfen nicht mehr als Hebammen praktizieren."

Richter Dr. K. leitet den Urteilsspruch der Kammer schließlich so ein: „Ich habe es mir nicht leicht gemacht mit diesem Urteil." Dann entlässt er zunächst Antje K. mit einem Freispruch aus der Verantwortung. Denn, so der Richter, sie kannte die Vorgeschichte der Geburt nicht und kam nur helfend hinzu.

Fehler bescheinigt Richter K. dagegen beiden Hebammen. Eine Risikogeburt, die eine Klinikgeburt zwingend erforderlich machte, hätte zwar nicht vorgelegen. Aber die Größe des Kindes, die Überfälligkeit der Geburt, die geringe Menge an Fruchtwasser hätten doch zu erhöhter Aufmerksamkeit führen müssen.

Auch wenn Kliniken nicht unbedingt ideal arbeiten und Fehlentscheidungen auch hier getroffen werden können, musste das Gericht, so der Richter, doch vom Idealfall ausgehen. Es erging deshalb ein Richterspruch wegen fahrlässiger Tötung gegen die angeklagte Hebamme Kirsten F.

Paragraf 222 des Strafgesetzbuches sieht für dieses Delikt eine Freiheitsstrafe von bis zu fünf Jahren oder eine Geldstrafe vor. Da es sich nach Richter K. nicht um einen „überdurchschnittlichen Fall" handelt („Zerdrücken des Kopfes mit der Zange beispielsweise"), und keine „eklatanten Fehler" begangen wurden, die sich über den Durchschnitt erheben, glaubt das Gericht mit einer Geldstrafe von 2.800 Euro auskommen zu können.

Ein Berufsverbot spricht der vorsitzende Richter nicht aus. Er sagt: „Die Berufsausübung der angeklagten Hebammen ist durch die umfängliche Publizität in den Medien ohnehin schwer geschädigt."

Ausweglos:
„Es fällt mir so schwer. Ich bin so müde ..."

Anfang Dezember 2004 ist Doris P. (47) am Ende ihrer Kräfte. Die Bemühungen um Förderkostenübernahme für ihren schwerstbehinderten Sohn Benjamin sind gescheitert. Und wieder soll Benjamin operiert werden. Seit neun Jahren kämpft die alleinstehende Mutter um sein Leben, versucht, ihm Mut zu machen, Sinn und Qualität in sein Leben zu bringen. Doch seit der mit seinem Motorrad verunglückte junge Mann aus dem Koma erwachte und seine hilflose Lage erkannte, will er nur noch eines: sterben. Eigentlich hatte die gelernte Diplombetriebswirtin bereits alle Weihnachtsvorbereitungen getroffen. Doch dann gibt sie dem Wunsch ihres Jungen nach und mischt für sich und ihn einen tödlichen Medikamentencocktail.

Im Sommer 1995 ist für die alleinerziehende, in Forst bei Cottbus lebende Mutter die Welt noch in Ordnung. Gerade hat ihr Sohn das Abitur mit einem Notendurchschnitt von 1,8 bestanden. Am Abend soll die Abiturfeier sein. Als Benjamin nachmittags mit dem neuen Motorrad unterwegs ist, geht er bei regennasser Fahrbahn bei 20 km/h zu Boden. Kein schlimmer Unfall, keine bösen Verletzungen.

Aber bei der Erstversorgung durch den Notarzt bleiben offenbar Defizite in der Sauerstoffversorgung seines Gehirns unerkannt. Als Benjamin aus dem Koma erwacht, ist er vollständig auf fremde Hilfe angewiesen. Er kann weder sprechen noch seine Bewegungen selbst koordinieren. Über eine Sonde nimmt er Flüssigkeit zu sich. Erst nach langem Training kann er klein geschnittene Nahrung aufnehmen. Doris P. sagt: „Benjamin war in seinem Körper gefangen."

Nach einem Jahr ohne nennenswerte Fortschritte setzt Benjamins Rebellion ein. Er tobt in seinem Rollstuhl, brüllt. Einmal gelingt es ihm, sich auf den Bauch zu wälzen. Als Doris P. ihren Sohn findet, ist sein Kopf bereits blau angelaufen. Sie fragt ihn entsetzt: „Willst du, dass ich dir etwas antue?" Und er schließt für einen langen Augenblick die Augen. Das bedeutet „Ja". Unter Tränen antwortet die Mutter: „Ich kann dich nicht töten. Ich habe dich doch geboren!"

Neun Jahre lang kämpft Doris P. gegen den Suizidwunsch ihres Sohnes an. Sie zieht von Forst nach Cottbus und dann nach Berlin, um ihm maximale Förderung zuteil werden zu lassen. Benjamin wohnt in einem Pflegeheim in Pankow, Doris P. lebt in Rudow. Die Mutter geht mit ihrem Sohn auf Heavy-Metal-Konzerte, fährt mit ihm hinaus in den Wald, um ihm Lebensqualität zu bieten.

Doch die Kraftreserven lassen nach. Doris P. wird depressiv, nimmt Medikamente. Und dann erkrankt sie selbst schwer. Als erneut eine komplizierte, schmerzhafte Operation ins Haus steht, vor der Benjamin sich fürchtet, hat die Mutter dem Wunsch des Sohnes nach Erlösung nichts mehr entgegenzusetzen.

Am 11. Dezember 2004 ist Benjamin besonders unruhig. Am späten Nachmittag fragt Doris P. ihren Sohn resigniert, ob er sterben möchte. Er bejaht, indem er die ihm einzig verbliebene Form der Kommunikation wählt: Er schließt ruhig die Augen. Das war der „point of no return", wie Richterin Monika P. später sagen wird. Doris P.: „Ich habe alles, was ich in meinem Medikamentenschrank fand, durch zwei geteilt."

Sohn und Mutter essen noch zusammen Abendbrot. Dann bringt Doris P. ihren Sohn zu Bett. Den zerkleinerten Medikamentenanteil Benjamins gibt sie, nachdem sie seinen Entschluss zwei weitere Male hinterfragt hat, in seine Magensonde. Sie bleibt an seinem Bett sitzen, bis er nicht mehr atmet. Vor Gericht sagt die kleine, zurückhaltende Frau später unter Tränen: „Das war das Schwerste, was mir in meinem Leben abverlangt wurde."

Dann holt Doris P. ein Messer aus der Küche. Sie will sichergehen. Doch die Schmerzen beim Schneiden sind zu groß. So begnügt sie sich mit der Einnahme der Medikamente. Als Feuerwehrleute zwei Tage später auf eine Vermisstenanzeige des Pflegeheims hin die Wohnung von Doris P. aufbrechen, finden sie einen toten Benjamin, dessen in Lebensgefahr schwebende Mutter und ein Testament, das mit den Worten beginnt: „Es fällt mir so schwer. Ich bin so müde …"

Doris P. wünscht für sich und ihren Jungen eine Seebestattung, bittet um Unterlassen lebensverlängernder Maßnahmen für den Fall, dass sie lebend angetroffen würde. Doch es kommt anders. Die Mutter überlebt. Am 13. Dezember 2004 wacht sie auf der Intensivstation des Benjamin-Franklin-Krankenhauses auf. Doris P. sagt: „Es war schrecklich."

Kurz darauf wird sie auf die Intensivstation des Haftkrankenhauses verlegt. Ihre Handlung ist nach deutschem Recht strafbar. Für aktive Sterbehilfe, Töten auf Verlangen (§ 216 StGB), sieht das Strafgesetzbuch eine Haftstrafe zwischen sechs Monaten und fünf Jahren vor.

Nachdem Doris P. den Tatvorwurf eingestanden und Gutachter Dr. Werner P., Direktor der Klinik für Psychiatrie und Psychotherapie im Vivantes Humboldt-Klinikum, der Angeklagten eine verminderte Schuldfähigkeit einräumt, kommt es nach einer gerafften Beweisaufnahme zu dem vorhersehbaren Urteil: schuldig.

Doch das Gericht sieht mit Verweis auf den § 60 StGB von der Verhängung einer Strafe ab. Denn, so Richterin Monika P.: „Was kann man der Angeklagten antun, womit sie noch bestrafen?" Eine Bestrafung entbehre jeden Sinnes. Damit kommt das Gericht dem Antrag der Staatsanwaltschaft, vertreten durch Staatsanwalt Reinhard A., entgegen, der sichtlich bewegt erklärt: „Für Frau P. gab es keine ernsthafte Handlungsalternative."

Chronik eines Justizirrtums

Wenn eine Strafkammer Klage erhebt, kommt es – abgesehen von wenigen Ausnahmefällen – auch zu einer Verurteilung. Dabei gibt es, wie die vorliegenden Reportagen zeigen, in den Prozessen der Entscheidungsfindung durch die jeweilige Strafkammer durchaus Phasen, in denen das bloße Gesetzeswerk nicht immer weiterhelfen kann. Schwurgerichtskammern, also Große Strafkammern, die sich vordringlich mit Mord und Totschlag beschäftigen, sind in Deutschland mit drei Berufsrichtern und zwei Laienrichtern besetzt. In Berlin sind fünf der 36 Großen Strafkammern Schwurgerichtskammern.

In der Weimarer Republik gab es bis 1924 noch Geschworenengerichte, die mit drei Richtern und zwölf Geschworenen besetzt waren. Die Geschworenen entschieden über Schuld oder Nicht-Schuld eines Angeklagten, die Berufsrichter legten das Strafmaß fest. Heute stehen den unabhängigen, niemandem zur Rechenschaft verpflichteten Richtern zwei Schöffen zur Seite, die bis zum Prozessbeginn als weiße Blätter zu gelten haben. Sie kennen in der Regel gerade Uhrzeit und Saal des ersten Termins der Hauptverhandlung. Laienrichter sind als wesentlicher Teil der Strafkammer bei der Entscheidungsfindung mit vollem Stimmrecht beteiligt. Es liegt jedoch in der Natur der Sache, dass die Berufsrichter und insbesondere der Vorsitzende Richter, der mit dem Verfahrensgegenstand umfänglich vertraut ist, für den in rechtlichen Dingen unbedarften Laien bereits per se eine Autorität darstellen. Der Vorsitzende Richter, so eine Berliner Richterin, „hat seine Kammer in der Regel im Griff".

Das deutsche Recht steht mit seinem vergleichsweise milden Strafsystem, das Wiedereingliedern statt Abstrafen präferiert, immer wieder im Fokus der Öffentlichkeit. Selten hört man von Justizirrtümern. Doch wo Menschen handeln, gibt es Fehler. Der Gesetzgeber hat dem vorgebeugt und einige Instrumentarien geschaffen, die dem entgegenwirken, beziehungsweise, wenn ein Fehlurteil bereits gefällt ist, Abhilfe schaffen sollen. Es handelt sich dabei um das Recht, Beweise in einem Verfahren selbst einbringen zu dürfen, die Chance der Berufung oder Revision, das Recht der Wiederaufnahme des Verfahrens bei Vorlage neuer Tatsachen und das Entschädigungsrecht.

In diesem Kapitel geht es um eine Berlinerin, die Opfer eines Justizirrtums wurde. Die zu Beginn des Prozesses 48-Jährige bemühte mit Erfolg das Rechtsmittel der Revision. Am Ende eines mehrjährigen Martyriums, das sie Jahre ihres Lebens und ihre Festanstellung kostete, ihr aber auch einiges an Grundvertrauen raubte, erhielt sie eine Haftentschädigung von insgesamt 9.768 Euro.

Ich verfolgte den „Mordfall Theo de Montgazon" in seiner ganzen epischen Länge und berichtete über ihn in 14 Reportagen: zwölf Beiträge zu den laufenden Verfahren, ein Interview mit der vermeintlichen „Vatermörderin" und ein Text zu den zivilrechtlichen Begleitumständen. Laut Anklage soll die als Arzthelferin beschäftigte Neuköllnerin im September 2003 das Haus ihres Vaters angezündet haben, um den schwer kranken, bewegungsunfähigen alten Mann zu töten – Mord also und vorsätzliche Brandstiftung. Als Tatmotiv war im vorliegenden Fall von einer Erbschaft von 220.000 Euro die Rede.

Am 2. Juli 2004 begann das Verfahren, das schließlich vier Jahre später mit dem Freispruch der Angeklagten endete. Dazwischen lagen ein sechs Monate dauernder, zermürbender Prozess in erster Instanz, die Verurteilung der vermeintlichen Mörderin sowie zweieinhalb Jahre Haft, die Monika de Montgazon zu Unrecht in den Justizvollzugsanstalten für Frauen in Lichtenberg und Pankow verbüßte.

Die bundesweit einmaligen, umstrittenen Arbeitsmethoden der Berliner Brandgutachter, die überdurchschnittlich hohe Zahlen an Brandstiftungen mit Brennspiritus „aufdeckten" und nicht zum ersten Mal ein Fehlurteil provoziert hatten, gerieten nach dem Freispruch Monika de Montgazons in die Kritik der Öffentlichkeit. Es dauerte allerdings weitere eineinhalb Jahre, bis das LKA in einer Pressekonferenz das Ergebnis einer kritischen Selbstevaluation vorlegte.

Ein klares Eingeständnis der Fehler vermissten die Medienvertreter darin ebenso wie eine Entschuldigung an das Opfer des folgenreichen Brandgutachtens. Allerdings hatte der Leiter und Direktor des LKA Peter-Michael H. angesichts rechtlicher Bedenken bezüglich zivilrechtlicher Entschädigungsansprüche eine Entschuldigung an Monika de Montgazon als „eine Frage des Anstands" zumindest in Aussicht gestellt.

Mord ohne Motiv (2. Juli 2004)

Der Fall scheint klar. So steht es auch in den Berliner Tageszeitungen: Die Arzthelferin Monika de Montgazon (48) brachte in einer lauen Septembernacht 2003 ihren Vater in der gemeinsam bewohnten Doppelhaushälfte in Neukölln ums Leben – aus Habgier. Sie legte mit Brennspiritus Feuer. Der bettlägerige, hilflose Mann verbrannte bei lebendigem Leibe. Später meldete Monika de Montgazon den Schaden bei ihrer Versicherung an. Wegen Mordes droht ihr nun eine lebenslange Freiheitsstrafe, eine Haft von mindestens 15 Jahren. Doch ein Mordmotiv ist weitgehend nicht erkennbar.

Als am 18. September 2003 die alarmierte Polizei und die Feuerwehr fast gleichzeitig am Unglücksort eintreffen, schlagen die Flammen schon meterhoch aus dem oberen Stockwerk der Doppelhaushälfte. Hier wohnt Theo de Montgazon (76) und seit Kurzem auch seine Tochter und deren Freund Karsten Sch. Am Haus werden die Beamten von vier Frauen erwartet, der völlig aufgelösten Nachbarin mit ihren beiden Töchtern und Monika de Montgazon.

„Schnell", drängt die Nachbarin, „im ersten Stock ist noch der Vater!" Die Polizeibeamten finden hinter dem Gebäude den kaum bekleideten, angetrunkenen Karsten Sch. verletzt auf dem Rasen liegen. Wie sich später herausstellt, hat er sich bei einem Sprung aus dem Fenster das Becken gebrochen. In der Zwischenzeit ist auch die Kripo am Ort. Der Kripobeamte Dirk R. (47) versucht, in das Obergeschoss des Wohnhauses zu gelangen, um Theo de Montgazon zu retten. Aber das Treppengeländer steht bereits in Flammen, von der Decke regnet es Glut. Als Dirk R. ein brennendes Scheit auf den Kopf fällt, tritt er den Rückzug an.

Auch Monika de Montgazon wird zunächst ins Krankenhaus gebracht. Die drei zuständigen Kripobeamten, die sie dort aufsuchen, um sie über den Tod ihres Vaters zu informieren, sind bereits auf der Hut. Feuerwehrleute glauben, zwei Brandherde in Ober- und Untergeschoss gefunden zu haben. Die bislang angenommene Brandursache, der passionierte Raucher Theo de Montgazon hätte mit einer achtlos auf den Boden geworfenen brennenden Zigarette das Feuer selbst verschuldet, scheint obsolet. Und die trockene Entgegnung der jetzt Angeklagten auf die Frage, was mit ihrem Vater passiert sei, nährt das Misstrauen der Ermittler: „Ich nehme doch an, der ist verbrannt."

Wegen des vermeintlich zweiten Brandherdes im Parterre beginnt die Kripo zu ermitteln. Sie verkabelt auch das Krankenzimmer von Karsten Sch. und schneidet die Gespräche zwischen der Angeklagten und ihrem Freund mit. Als Monika de

Montgazon den Schaden zeitnah bei der Versicherung meldet und wegen eines Vorschusses auf die zu erwartenden 220.000 Euro drängt, scheint sich der Anfangsverdacht zu bestätigen. Vier Wochen nach dem Brand sitzt Monika de Montgazon bereits in Untersuchungshaft. Dabei sind sich alle, die die Angeklagte kennen, einig: „Das traue ich ihr nicht zu!" Monika de Montgazon ist den Angaben ihrer Tante, einer Kollegin, selbst ihrer Arbeitgeberin zufolge eine freundliche, liebenswürdige, hilfsbereite Frau. Auch die Theo de Montgazon behandelnde Ärztin bestätigt: „Monika de Montgazon hat alles für ihren Vater gemacht. Sie war unwahrscheinlich geduldig und ausgeglichen." Nach Aussage der Medizinerin hatte Theo de Montgazon, der an Lungenkrebs im letzten Stadium litt, höchstens noch zwei Monate zu leben. Auch seiner Tochter, der Arzthelferin Monika de Montgazon, war das bekannt.

Der Zweifel und Fragen sind viele. Warum sollte Monika de Montgazon, die das Haus ihres Vaters in Kürze ohnehin erben würde, diesen umbringen? Standen ihr als Arzthelferin nicht weniger spektakuläre Optionen offen, den Tod ihres Vaters zu beschleunigen? Weshalb wird eine Täterschaft des Partners der Angeklagten, Karsten Sch., der ebenfalls in dieser Nacht am Tatort war, nicht in Erwägung gezogen?

Was läge näher, als sich den mehrfach vorbestraften, zu Gewalttätigkeiten neigenden Gewohnheitstrinker, der sein halbes Leben hinter Gittern zubrachte, als Täter vorzustellen. Er soll sich weder im Bekannten- noch im Freundeskreis der Familie Montgazon eingelebt haben. In der Unglücksnacht war er betrunken. Monika de Montgazon stellt sich schützend vor ihren Partner. Sie erklärt, Karsten Sch. habe helfen wollen, vor der klemmenden Tür des Schlafzimmers jedoch kapitulieren müssen, hinter der ihr Vater hilflos verbrannte.

Irritierend ist auch die Aussage der Theo de Montgazon behandelnden Ärztin. Sie schwört Stein und Bein, der schwer kranke Mann sei nicht in der Lage gewesen, sich aufzusetzen. Tatsächlich fanden die Kripobeamten den toten Mann aber sitzend im Bett vor.

Was sich tatsächlich in jener Nacht ereignete, ist völlig unklar. Monika de Montgazon bestreitet den Tatvorwurf. Sie erklärte bislang lediglich: „Ich möchte mich im Moment noch nicht äußern."

Anklage Mord (9. Juli 2004)

Der zweite Prozesstag ist ein Beweisaufnahme-Marathon, bei dem fast 20 Zeugen zur Aussage kommen, darunter der Schwager des getöteten Theo de Montgazon, seine ehemalige Freundin Karin E., eine gute Bekannte des Sohnes der Angeklagten, Pflegerinnen, eine Krankenschwester, diverse Nachbarn. Alles spricht bislang für die Angeklagte Monika de Montgazon. Mehr und mehr verdächtig dagegen scheint ihr Lebenspartner Karsten Sch.

Auch bei diesem Termin erhärtet sich der Eindruck, dass die Angeklagte nicht die Mörderin ihres Vaters ist. Alle Zeugen bescheinigen Monika de Montgazon ein ruhiges, hilfsbereites, freundliches Wesen, einen liebevollen Umgang mit ihrem Vater. Unverdrossen, so die Zeugen, ging sie ihrem Job als Arzthelferin nach. Die Nachbarn beschreiben sie mit „immer einen netten Spruch auf den Lippen". Alkohol war nicht ihr Fall. Man kannte sie allenfalls „mit einer Kaffeetasse in der Hand".

Bisher konnte die Anklage keinen eindeutigen Beweis für die Täterschaft Monika de Montgazons erbringen. Dagegen verstärkt sich der Verdacht gegen ihren Lebensgefährten Karsten Sch. Er wird beim nächsten Termin, in einer Woche, als Zeuge erwartet. Und auch auf Karin E., die ehemalige Freundin von Theo de Montgazon, fällt der leise Schatten eines Verdachts.

Die Aussagen der Zeugen am 9. Juli 2004 liefern ein Puzzle, das die unhaltbare familiäre Situation dokumentiert, in der Monika de Montgazon zum Zeitpunkt der Tat lebte. Da ist einmal ihr Freund Karsten Sch., ein Trinker, Sozialhilfeempfänger, dessen Frühstück in der Regel aus einem Tetra Pak Wein bestand. Bei einer Nachbarsfamilie trug Karsten Sch. bezeichnenderweise den Spitznamen „Knasti" – wegen seiner Vergangenheit, seiner Tätowierungen, seines ungepflegten Äußeren und weil er nie grüßte.

Karsten Sch., der bereits als Bodyguard in einer Security-Firma gearbeitet hat, ist von kräftiger Statur. Er wird übereinstimmend als grobschlächtig, ja unheimlich und bedrohlich geschildert. Auf eine Krankenschwester des späteren Brandopfers machte er einen „brutalen Eindruck". Sie sagt: „Karsten Sch. trank morgens schon seinen Tetra Pak Wein, erzählte ordinär von seinen Gefängnisaufenthalten in der DDR und suchte ständig Streit."

Karsten Sch. soll sich in Abwesenheit seiner Freundin gegen Entgelt um den bettlägerigen Theo de Montgazon gekümmert haben. Pflegerinnen und Krankenschwestern bestätigen jedoch: Der Patient war hygienisch und in Bezug auf Zuwendung nicht optimal versorgt. Eine gute Bekannte des Hauses erklärt: „Charlie (Karsten Sch.) war die Pflege von Theo de Montgazon nur noch lästig." Er glänzte, wenn die Pflegekräfte da waren, danach soll er in der Hauptsache herumgesessen haben. Mehrere Zeugen bestätigen, dass Karsten Sch. unduldsam mit dem alten Herrn war, ihn entmündigte und herumzerrte. Einer Pflegerin gegenüber hatte der alte Theo de Montgazon gebeichtet, dass er sich vor Karsten Sch. fürchtete.

Neben der Pflege ihres Vaters und dem häuslichen Terror, den Karsten Sch. verbreitete, gab es ein weiteres Problem für Monika de Montgazon: Ihr alkohol- und drogenabhängiger Sohn benötigte ständig Geld. Mehrfach räumte er die Konten seiner Verwandten, darunter das seiner Mutter und seines Großvaters, leer. Einer Bekannten, mit der zusammen er ein Erotik-Callcenter in die Pleite führte, schuldet er noch immer 70.000 Euro.

Als weitere Tatverdächtige wird von drei Zeugen auch eine Animateurin des besagten Erotik-Callcenters in Betracht gezogen. Die 37-Jährige lernte den damals noch rüstigen Theo de Montgazon an ihrem Arbeitsplatz kennen. Zwei Jahre sind sie ein Paar. Als sie sich trennen, glaubt Karin E. Geldforderungen an Theo de Montgazon stellen zu dürfen. Sie soll den alten Mann mit Telefonanrufen terrorisiert und ihn körperlich attackiert haben, sodass von der Familie die Installation einer Sicherheitsanlage für das Haus erwogen wurde. Karin E. weist die Vorwürfe in ihrer Zeugenaussage von sich und sagt: „Unsinn!"

Rudolf J., der Schwiegersohn des getöteten Theo de Montgazon und zusammen mit seiner Frau Marion Nebenkläger in diesem Prozess, ist von der Unschuld der Angeklagten überzeugt. Er unterbreitete dem zweifelnden Gericht seine Theorie, nach der nur Karsten Sch. als Täter in Frage käme. Neben Rudolf J. glaubt eine weitere Zeugin an eine Täterschaft von Karsten Sch. Ihr gegenüber, so die Zeugin, soll der 36-Jährige von Mordplänen gesprochen haben; außerdem auch davon, wie er am Brandabend, anders als ausgesagt, die Tür zu Theo de Montgazons Zimmer öffnete. Dieser soll ihm entgegengerufen haben: „Schnell, ich verbrenne!"

Ob schuldig oder nicht – für Monika de Montgazon brach an diesem Tag der Hauptverhandlung sichtlich eine Scheinwelt zusammen. Eine Konstellation, der sie sich vielleicht früher hätte entziehen müssen. Die Zeugenaussage von Karsten Sch. wird in einer Woche erwartet. Mit der Einlassung von Monika de Montgazon wird nicht zu rechnen sein, bevor alle Zeugen gehört wurden.

Eine Wende? (16. Juli 2004)

Die Wende trat auch am dritten Prozesstermin nicht ein. Das von manchen erhoffte Geständnis von Monika de Montgazons Lebensgefährten blieb aus. Karsten Sch. war am 16. Juli 2004 als Zeuge geladen und hinterließ vor allen Dingen einen nachhaltigen Eindruck seiner Persönlichkeit und weitere Zweifel an der Schuld der Angeklagten.

Noch immer schweigt Monika de Montgazon zu den Tatvorwürfen. Karsten Sch.s Version der Ereignisse in der Tatnacht dagegen ist nun bekannt: „Ich kam abends gegen 23:30 Uhr zu Hause an, sah eine Zigarettenlänge Fernsehen. Dann ging ich, nachdem ich noch mal bei Theo vorbeigesehen hatte, ins Bett. Monika lag bereits im Bett. Sie hatte ebenfalls dem alten Herrn einen letzten Nachtbesuch abgestattet."

Dann, so seine Schilderung, wird Karsten Sch. durch seine Freundin geweckt: „Es brennt!" Sie läuft ins Parterre zum Telefon, um die Feuerwehr zu rufen. Karsten Sch. hört Theo de Montgazon um Hilfe schreien. Aber die Tür, die sonst immer einen Spalt breit offen steht, ist verschlossen. Sie lässt sich nicht öffnen. Er springt gegen die Tür. Nichts. „Es war, als ob etwas hinter der Tür stand."

Karsten Sch. rennt, berichtet er, in das Nachbarzimmer, versucht, durch die Wand zu kommen. Wirft einen Fernseher. Schließlich schlägt er mit bloßer Faust ein Loch in die Presspappe der Tür. Gleich neben dem Schloss. Karsten Sch. reißt die Faust zurück. Es ist kochend heiß. Eine Stichflamme schießt hervor. Dann wird die Luft unerträglich. Der Qualm hat die Sicht stark gemindert. In heller Panik springt Karsten Sch., der Asthmatiker ist, aus dem Fenster des Schlafzimmers.

Diese Schilderung des Ablaufs unterscheidet sich jedoch in wesentlichen Punkten zu bereits gemachten Aussagen. So gab

Karsten Sch. in einem ersten Protokoll an, er sei vor Monika de Montgazon zu Bett gegangen. Heute beharrt er auf dem Gegenteil. Er streitet jetzt ab, dass die Angeklagte noch einmal ins Parterre gegangen sei.

Fragen wirft auch die Schilderung seines Versuches auf, Theo de Montgazon zu retten. Warum konnte Karsten Sch. die Tür aus Presspappe, die noch dazu nach innen aufging, nicht aufstoßen? Ein 130 kg schwerer Mann, der einem Freund bei einer spielerischen Umarmung eine Rippe brach und von dem Kati H. sagt, „Seine Herzlichkeit erzeugte bei anderen blaue Flecke."? Warum benutzte Karsten Sch. nicht die Türklinke zum Öffnen der Tür? Karsten Sch.: „Kann mich nicht erinnern." Und warum schlug er neben der Klinke mit der Faust ein Loch in die Tür? Neben einer Klinke, die er noch nicht einmal versucht hatte zu benutzen? Die Wand, an die Karsten Sch. angeblich ein Fernsehgerät geworfen haben will, um „durch die Wand zu kommen", war dagegen mit einem Schrank verstellt.

Bedenklich stimmen nicht nur diese Widersprüche. Vor Gericht bestätigt Karsten Sch. auf Nachfrage der Verteidigung, dass er mehrfach wegen Körperverletzung in Haft saß, insgesamt mindestens sechs Jahre. Das und die Aussagen der Pflegerinnen und Nachbarn ergeben ein Gesamtbild des Zeugen Karsten Sch., das ihn als den idealen Tatverdächtigen erscheinen lässt. Beweise gibt es indessen gegen ihn genauso wenig wie bisher gegen Monika de Montgazon. Sollten nicht endlich wasserdichte Beweise vorgelegt werden, könnte sich dieser Fall zu einem der jährlich circa acht unaufgeklärten Berliner Mordfälle entwickeln.

Das Rätselraten geht weiter (23. Juli 2004)

Noch drei Gerichtstermine, dann sollte das Urteil gegen Monika de Montgazon gesprochen sein. Bisher ergibt die Beweisaufnahme jedoch eher Verwirrendes sowie mehr und mehr Verdachtsmomente – auch gegen weitere Personen aus dem näheren Umfeld des mutmaßlich ermordeten Theo de Montgazon. Was die Zeugen am vierten Tag der Verhandlung zu sagen haben, spricht deutlich zugunsten der mutmaßlichen Mörderin Monika de Montgazon.

Die Zeugen untermauern den guten Leumund der Angeklagten. Schwester Marion J., Sohn Martin, Kolleginnen sowie die Chefin der Angeklagten – niemand traut Monika de Montgazon die Tat zu. Ilse N., die ehemalige Nachbarin des Brandopfers, schwört: „Monika kann es nicht gewesen sein, niemals!"

Sie alle malen das Bild einer herzlichen, gutmütigen, zuverlässigen Frau, die alle mochten. Ärztin S., die Arbeitgeberin der Angeklagten, erklärt: „Die Patienten vergötterten Monika. Selbstverständlich bekam sie mehr Geld als die anderen Schwestern. Sie hatte es verdient."

Als Schwager Rudolf J. und Schwester Marion überlegten, den Vater ins Heim zu geben, soll Monika de Montgazon mit Entschiedenheit entgegnet haben: „Unsinn, das schaffen wir!" Eine Freundin der Angeklagten bestätigt Monika de Montgazons liebevollen Umgang mit dem alten Herrn: „Sie tat es von Herzen, freiwillig und gern."

Allerdings arbeitete Monika de Montgazon oft bis in die späten Abendstunden. Nicht selten war sie bis 21 in der Praxis anzutreffen. Danach kümmerte sie sich um den bettlägerigen Vater. In der letzten Zeit soll sie verschlossener gewesen sein und ihr Äußeres vernachlässigt haben, sagen Kolleginnen. Monika de Montgazons Arbeitgeberin glaubt, dass ihre Mitarbeiterin damals Partnerschaftsprobleme gequält haben. Sie weiß, dass die bescheiden lebende Frau rätselhafterweise verschuldet war und ihr Gehalt teilweise gepfändet wurde. Über Privates habe man jedoch nie gesprochen.

Und wieder fällt ein unangenehmes Schlaglicht auf Monika de Montgazons Lebensgefährten Karsten Sch. Er wird als ein „bisschen gewöhnlich" geschildert, als jemand, der niemandem „so recht lag", und auch als aggressiver Trinker. Martin, der Sohn der Angeklagten, war viel mit Karsten Sch. unterwegs. Er behauptet: „Karsten war aufbrausend und aggressiv, wenn er was getrunken hatte." Und Karsten Sch. trank praktisch immer – Weißwein und Korn, nicht selten gemixt.

„Einmal ist Karsten ausgerastet. Er trat zweimal mit dem Knie gegen die Furniertür und hinterließ ein circa 30 cm großes Loch", sagt Martin de Montgazon. Das war im Haus Theo de Montgazons. Die Tür glich jener, hinter der der hilflose alte Mann am 18. September 2003 verbrannte und die Karsten Sch., wie er behauptete, nicht öffnen konnte.

Monika de Montgazons Berichte über die Unglücksnacht gegenüber Dritten blieben sich laut Zeugenaussagen gleich. Karsten Sch. hingegen erzählte offenbar jedem etwas anderes. Während er vor Gericht Stein und Bein schwört, die Klinke der Tür zum brennenden Zimmer des Schwiegervaters nicht probiert zu haben, schilderte er einer Freundin gegenüber das Gegenteil. Einer weiteren Zeugin gegenüber behauptete Karsten Sch. sogar, er sei im Zuge eines Rettungsversuches im Zimmer gewesen, habe den alten Mann auf dem Boden liegend vorgefunden.

Über Täterschaft und Brandursache im vorliegenden Mordfall blühen unter den Zuhörern der Hauptverhandlung Mutmaßungen in großem Stil. Versucht eine ausgebuffte Mörderin, ihren beschränkten, trunksüchtigen Freund in die Falle tappen zu lassen? Hat es das Gericht mit einem eiskalten, ein skurriles Verwirrspiel betreibenden Mörderpaar zu tun? Ist der wahre Täter eine der beiden früheren Freundinnen des Theo de

Montgazon, wie Ilse N. glaubt? Oder ist vielleicht überhaupt kein Mord geschehen? Hat sich also Theo de Montgazon doch selbst mit einer Zigarette in Brand gesteckt? Einen zwingenden Beweis gegen Monika de Montgazon scheint die Staatsanwaltschaft bislang nicht vorbringen zu können.

Ein Mord wird zum Unglücksfall (3. August 2004)

Nachdem die Verteidigung den Verdacht zunächst auf den Lebensgefährten der Angeklagten lenkte, versucht sie nun, den explosionsartigen Hergang des Brandes vor einem Jahr mit einem natürlichen Phänomen zu erklären. „Auch ein Backdraft oder ein Flash-Over können die Ursache einer schnellen Brandausbreitung sein", sagt Verteidiger Lutz K. War der Brand ein bedauerlicher Unfall?

Mit einer Änderung der Haftverhältnisse darf die Angeklagte vorerst nicht rechnen. Das macht der Vorsitzende Richter Peter F. am sechsten Tag der Hauptverhandlung klar: „Die Anschuldigungen gegen die Angeklagte, Frau Monika de Montgazon, konnten nicht entkräftet werden. Im Gegenteil …" Dabei hatte Rechtsanwalt Lutz K. gehofft, seine Mandantin in Kürze auf freiem Fuß zu wissen – jetzt, wo sich der Prozess wider Erwarten in die Länge zieht.

Noch immer gibt es, bis auf das umstrittene Brandgutachten des Landeskriminalamtes, keinen schlagenden Beweis für die Schuld der Angeklagten. Im Gegenteil: Ihr Leumund ist tadellos, das Tatmotiv der Habsucht entkräftet.

Während die Angeklagte gemeinsam mit ihrer Schwester Marion Erbin ihres Vaters war, hing Karsten Sch. praktisch am Tropf seiner Partnerin. Zwei Wochen vor dem Brandunglück soll das spätere Brandopfer den Wunsch geäußert haben, das

Paar möge aus seinem Haus ausziehen. Karsten Sch. kannte nach Zeugenberichten seither kein anderes Thema mehr als dieses und stritt sich deshalb ständig mit Monika de Montgazon.

Frank D., der Ermittlungsleiter im „Mordfall Theo de Montgazon", schloss jedoch die Täterschaft des Karsten Sch. von vornherein aus: „... weil er aus dem Fenster sprang." Karsten Sch. hätte sich mit einer Brandlegung, so der Kriminalbeamte, selbst gefährdet. Ob dabei der Charakter des geübten Häftlings und damals schwer Betrunkenen angemessen berücksichtigt worden ist, bleibt fraglich. Zudem liegt das Fenster, aus dem Karsten Sch. sprang, nicht in gefährlicher Höhe. Auch ein Absteigen über das Vordach des Hauseinganges wäre möglich gewesen.

Alles Augenmerk richtet sich nun auf das Gutachten der Brandexperten. Spiritus soll als Brandbeschleuniger benutzt worden sein. Als besonders belastend für Monika de Montgazon gilt die Tatsache, dass angeblich nur auf ihrer Seite des Bettes und auf ihrem Bett Spiritus gefunden wurde. Rechtsanwalt Lutz K. widerspricht: „Das ist Unsinn! Es gibt keine Beweise für das Vorhandensein von Spiritus." K. will jetzt eigene Sachverständige vor Gericht einführen,

Für das Phänomen der Rauchgasexplosion, eines sogenannten „Backdraft", wie von ihm als Ursache der schnellen Ausbreitung des Brandes vermutet, ist allerdings ein vorangehender Schwelbrand unter Sauerstoffmangel kennzeichnend. Im Zimmer von Theo de Montgazon soll jedoch das Fenster zumindest angeklappt gewesen sein. Das Gericht will gegen die Gutachten der Sachverständigenparteien (Verteidigung contra Staatsanwaltschaft) ein weiteres Obergutachten setzen. Da Brandsachverständige in der Sommerflaute auch bundesweit schwer zu finden sind, reicht die Terminierung der Verhandlung deshalb schon heute bis zum 22. Oktober 2004.

„Ich will wissen, wer es wirklich war!"
(20. August 2004)

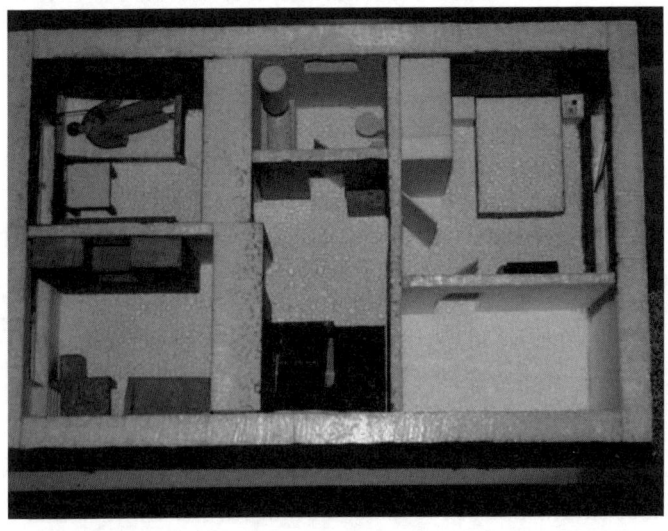

Ginge es nach dem Vorsitzenden Richter der Strafkammer, wäre der Prozess gegen die „Vatermörderin" Monika de Montgazon sicher längst abgeschlossen. „Frau de Montgazon ist verdächtiger denn je", erklärte Richter Peter F. anlässlich des Haftprüfungsersuchens ihres Verteidigers. Unzweifelhaft wäre der Prozess mit einem Schuldspruch über die Bühne gegangen und Monika de Montgazon säße bereits, verurteilt zu einer lebenslangen Haftstrafe, hinter Gittern, wenn nicht Rudolf J., der Schwager der Angeklagten und Schwiegersohn des getöteten Theo de Montgazon, immer wieder insistiert hätte: „Ich will keinen Sündenbock. Ich will wissen, wer es wirklich war!"

Rudolf J. vertritt mit Rechtsanwalt Peter S. in der Nebenklage Marion J., die Schwester der Angeklagten, vor Gericht. Empört erklärte er: „Ich will nicht, dass hier irgendjemand verurteilt wird, sondern ich will wissen, was da wirklich passiert ist am 18. September 2003."

Von einer wahren Erkenntnis darüber scheint das Gericht jedoch meilenweit entfernt. Während die bisher vorgebrachten Verdachtsmomente gegen Monika de Montgazon wenig überzeugen, wurde das Hauptargument der Anklage bisher noch gar nicht hinterfragt: der Brandbeschleuniger Spiritus.

Hier gerät Rudolf J., von Beruf Ingenieur, erst richtig in Rage: „Wie die Herren vom Branddezernat zweifelsfrei den Einsatz des Brandbeschleunigers Spiritus nachgewiesen haben wollen, ist mir ein Rätsel. Die chemischen Substanzen, die sie da fanden, entstehen auch beim Verbrennen von Holz."

Schwager Rudolf J. sagt: „Ich will die Wahrheit wissen. Und wenn es Monika gewesen ist, dann soll sie auch dafür geradestehen." Er hat viele Argumente zusammengetragen, die eine Täterschaft Monika de Montgazons entkräften und die entweder eine Täterschaft des Lebensgefährten Karsten Sch. oder auch eine natürliche Brandursache möglich erscheinen lassen.

Rudolf J. engagierte Sachverständige und einen Detektiv. Er baute gemeinsam mit dem Sohn der Angeklagten ein Modell des Neuköllner Hauses, in dem der Brand geschah, das die Strafkammer dann jedoch als Demonstrationsobjekt nicht zuließ. Von der Presse wurde das Verfahren deshalb als „Berlins erster Puppenhausprozess" diffamiert. Rudolf J. war es auch, dem die verdächtigen Brandmale am Fuß des Karsten Sch. auffielen.

Für Rudolf J. ist Karsten Sch. deshalb und aus weiteren Gründen verdächtig: „Er hat mindestens sechs, sieben Jahre wegen Raub und Körperverletzung eingesessen. Er ist ein gewalttätiger Trinker, hatte das Konto von Monika und Theo geplündert und musste fürchten, von Theo oder Monika rausgeworfen zu werden."

In seiner Zeugenaussage vor Gericht behauptete Karsten Sch., die Schlafzimmertür des so gut wie bewegungsunfähigen alten Mannes habe geklemmt. Deshalb konnte er dem um Hilfe

Rufenden nicht beistehen. In den Abhörprotokollen der Kripo, die das Krankenhausbett von Karsten Sch. verkabelt hatte, sechs Tage nach der Brandnacht, hört sich das allerdings anders an. Karsten Sch. damals: „… der (Theo de Montgazon) hat auf der Erde gelegen. Ich wollte ihn aus dem Zimmer ziehen und aus dem Fenster schmeißen. Doch dann kam die Stichflamme." Das erzählt Karsten Sch. seiner Partnerin Monika de Montgazon, das berichtet er dem Krankenhauspersonal. Gegenüber Monika de Montgazon meint er besorgt: „Nicht, dass die uns noch wegen Mord rankriegen."

Die kreisrunden Brandwunden am linken Fuß des Karsten Sch. lassen aufmerken. War Karsten Sch., wie Rudolf J. erklärte, tatsächlich im Schlafzimmer des Theo de Montgazon? Hob er den alten Herrn von der Erde auf und setzte ihn auf das Bett? Rudolf J.: „Das ist in der Beengtheit des Raumes nur möglich, indem man rechts neben das Bett tritt und den Theo links neben sich auf das Bett legt. So wurde Theo ja später auch gefunden." Dabei könnte Karsten Sch. mit dem linken Fuß an den Feststeller des Bettes gekommen sein und sich die kleinen, kreisrunden Brandmale zugezogen haben.

Die Vermessungen der Wunde und die Maße des Feststellers, die Rudolf J. vornahm, stimmen in der Tat überein. In einem vom Gericht in Auftrag gegebenen Gutachten vom 22. September 2003 heißt es zur Entstehung der Hautverletzung am linken Fußaußenknöchel bestätigend: „… könnte hier noch am ehesten an eine Brandverletzung gedacht werden."

Trotz all dieser Zweifel, trotz des Mangels an belastendem Material gegen Monika de Montgazon kann man sich des Eindrucks kaum erwehren, dass die 22. Große Strafkammer das „Schuldig" bereits in den Köpfen trägt. Rudolf J. sagt: „Mir kommt es so vor, als wenn die Kripo sich von Anfang an auf Monika eingeschossen und ihre Ermittlungen auf einen Schuldspruch eingestellt hätte."

„Typische Fehlleistungen" des LKA?
(1. November 2004)

Am 16. und 29. November 2004 werden Feuerwehrleute und Brandsachverständige das Zünglein an der Waage sein, wenn es um das Urteil und die Fragen geht: Kam in der „Tatnacht" tatsächlich Brennspiritus zum Einsatz? Kann dieser das plötzliche Flammenmeer verursacht haben? Und: Gab es wirklich einen weiteren Brandherd als den am Bett des passionierten Kettenrauchers Theo de Montgazon?

Der Prozess geht nun langsam ins Finale. „Langsam" – nachdem er sich mit Sommerpause, Krankschreibung und vielerlei Halteterminen bereits über fünf Monate hinzieht. Die Angeklagte und Tochter des angeblichen Mordopfers lehnt weiterhin ein Schuldeingeständnis ab. Trotz aller „goldenen Brücken", die das Gericht bereits baute. Stattdessen hagelt es Beweisanträge seitens ihres Verteidigers.

Außer schwammigen Verdächtigungen konnte allerdings ohnehin bislang nichts gegen die Angeklagte vorgebracht werden. Alles Augenmerk richtet sich daher auf die Aussagen der Feuerwehrleute und Brandsachverständigen. Nach einem Bericht des Brandexperten Egon B. vom Landeskriminalamt (LKA) war die Ursache des Feuers in der Neuköllner Doppelhaushälfte eindeutig Brandstiftung, gibt es zwei Brandherde, soll Brennspiritus als Brandbeschleuniger zum Einsatz gekommen sein.

Egon B. stützt sich dabei auf die chemischen Analysen des Instituts Polizeitechnischer Untersuchungen (PTU) beim LKA und dessen technischen Sachverständigen P. Demnach soll die gaschromatographische Analyse der Proben vom Tatort eindeutig den Einsatz von Brennspiritus belegen. Für Egon B. ist damit der Fall klar.

Dabei ist die Wertung der gaschromatographischen Methode, entwickelt durch Dr. Karel A. (Stellvertretender Leiter der

Berliner PTU Chemie), nicht unumstritten. Bei der Gaschromatographie können Inhaltsstoffe, die sich verdampfen lassen, chemisch auf ihre Bestandteile untersucht werden. Sind drei der nachgewiesenen Stoffe dann Brennstoffe und in bestimmter Konzentration vorhanden, geht der Berliner Brandexperte automatisch von der Verwendung eines Brandbeschleunigers, von einer Brandstiftung, aus.

Allerdings entstehen diese Inhaltsstoffe in der entsprechenden Konzentration auch bei der Verbrennung diverser anderer Stoffe, darunter Holz. Die Verteidigung wirft dem Brandexperten des LKA Egon B. vor, nicht gründlich gearbeitet zu haben und die gaschromatographischen Ergebnisse falsch zu werten. Deshalb hat Verteidiger Peter K. das Büro der Brandgutachter R. & C. in die Beweisaufnahme eingeführt. Dr. Peter R.: „Wir sind unabhängige Gutachter. Wir erstellen keine Wunschgutachten. […] Eine Brandstiftung in diesem angeblichen Mordfall können wir nicht bestätigen."

Der Schwurgerichtskammer, die den Experten Michael R. als Dritt- und Obergutachter lud, dürfte die gegenwärtige Konstellation nicht fremd sein. Bereits 2002 saß man im Fall Boris B. unter ähnlichen Vorzeichen beieinander. Boris B. sollte angeblich in schwerer Brandstiftung sein Einfamilienhaus in Zehlendorf zerstört haben. Entsprechende Ergebnisse der PTU und die Schlussfolgerungen der Brandexperten vom LKA zementierten den Vorwurf der Brandstiftung. Auch damals erklärte das von den Verteidigern bestellte Gutachterteam R. & C.: „Eine Brandstiftung können wir nicht bestätigen." Und auch damals hieß der Drittgutachter Michael R. Der bestätigte die Untersuchungsergebnisse. Boris B. wurde freigesprochen.

Mindestens 15 Tage arbeiteten die Brandexperten R. & C., die die Schlussfolgerungen des Kollegen vom LKA für eine Fehlleistung halten, am Tatort und in ihren Labors an dem

Gutachten zum vorliegenden Fall. Ob sie das Gericht unter Vorsitz von Richter Peter F. ein weiteres Mal überzeugen können?

Zweifelsfrei schuldig? (6. Dezember 2004)

Seit Juli 2004 wird vor der 22. Großen Strafkammer des Berliner Landgerichts die sogenannte Mordsache Theo de Montgazon verhandelt. Seit über einem Jahr befindet sich die Angeklagte Monika de Montgazon in Untersuchungshaft. Ihr wird vorgeworfen, ihren Vater durch einen vorsätzlich verursachten Brand ermordet zu haben. Monika de Montgazon bestreitet den Tatvorwurf und verteidigt sich durch Schweigen. Die Beweisaufnahme ist fast abgeschlossen. In vierzehn Tagen wird sich die Angeklagte zu ihrer Person, eventuell auch zu den Vorgängen in der Nacht des 18. September 2003 einlassen. Das Urteil könnte noch am selben Tag fallen, eine Woche vor Weihnachten. Haben die bislang aufgebotenen Gutachter die Brandursache klären können? Steht die Schuld der Angeklagten jetzt zweifelsfrei fest?

Die noch nicht beantwortete Gretchenfrage lautet derzeit: Begann der Brand der Doppelhaushälfte in Neukölln mit einer achtlos fortgeworfenen Zigarette des Kettenrauchers Theo de Montgazon, und erfasste er mittels einer Durchzündung das ganze Haus? Oder gab es mindestens einen zweiten Brandherd im Parterre, mit Berechnung gelegt, um das Haus in Flammen zu setzen?

Doch wirklich Erhellendes brachten die Aussagen der Feuerwehrleute und Brandexperten nicht zutage. Clemens T.: „Es brannte mehr unten." Feuerwehrmann Z.: „Der Schwerpunkt des Brandes war oben." Ersterer entdeckte die vermeintliche Brandausbruchstelle an der Treppe, was den Verdacht der

Brandstiftung nährte. Ausgerechnet die Untersuchung einer Probe von dieser Stelle ergab allerdings keine Spuren von Brennspiritus. Ein weiterer Feuerwehrmann konnte sich die schnelle Brandausbreitung nicht erklären. Er vermutete eine plötzliche Verpuffung. Dass sich der Brand allerdings in solcher Geschwindigkeit von der oberen Etage nach unten ausgebreitet hat, hielt er für unwahrscheinlich.

Diese These aber vertreten die Brandsachverständigen der Verteidigung Peter R. und Hans-Gustav C. Nach ihren Untersuchungen vor Ort muss es kurz nach Betreten des Zimmers durch Karsten Sch. während seines Rettungsversuches des Schwiegervaters zu einer Durchzündung gekommen sein. Begünstigt durch plötzlichen Durchzug in der oberen Etage kam es ihren Ausführungen nach in einer Mischung von Rauchgasexplosion (Backdraft) und Durchzündung (Flash-Over) zu einer Verpuffung, in deren Folge die Strahlungswärme sich nach allen Seiten gleichmäßig ausbreitete. Durch das enge Haus raste plötzlich eine Feuerwalze, die Karsten Sch. zu seinem Paniksprung aus dem Fenster veranlasste, obwohl er das Haus eigentlich auch gefahrlos und ohne Schaden über die Eingangsüberdachung hätte verlassen können. Das ganze Haus, Wände und Decken, war mit Nadelholz getäfelt. Das Brandbild zeige, so die Sachverständigen R. und C., das für eine Durchzündung typische Bild der Brandausbreitung über die Decke nach unten.

Auch Egon B., Brandexperte beim Landeskriminalamt (LKA) und Verfechter der hier verhandelten mutmaßlichen Brandstiftung, räumte ein: „Niemand kann ausschließen, dass die Brandübertragung durch einen Flash-Over geschah." Aber eine Brandausbreitung von der oberen in die untere Etage hält er für ausgeschlossen. B. sagt: „Das ist mir zu ‚abgefahren'."

Dr. Karel A. ist Diplomchemiker am LKA und hat zwei Probenserien vom Tatort auf die Verwendung von Brandbeschleunigern untersucht. Er hat die am LKA praktizierte

Methode des Nachweises von Brennspriritus entwickelt und beschäftigt sich insbesondere mit Brandentstehung. Bereits 200 Test-Wohnungen hat er systematisch abgebrannt. Er erklärt, auf die Aussagekraft und Verlässlichkeit seiner Forschung befragt, bedauernd: „Ich würde lieber gut eingerichtete Villen verbrennen."

28 Proben testete Dr. Karel A. insgesamt. In 27 Proben glaubte er, Hinweise auf Brennspiritus ausmachen zu können. Auch in einer Probe der Lunge des Brandopfers Theo de Montgazon will der Sachverständige unverbrannte Bestandteile von Spiritus entdeckt haben. Dr. A. stimmt der Auffassung zu, seine Ergebnisse dürften nur im Zusammenhang mit dem Tatort gesehen werden und die von ihm gefundenen Inhaltsstoffe könnten auch anderen Ursprungs als Brennspiritus sein. Aber seiner Erfahrung nach war viel Brennspiritus (in der Größenordnung von mindestens 15 Litern) im Spiel.

Der vom Gericht bestellte Gegengutachter und Brandexperte Michael R., Diplomingenieur aus Bremen, widerspricht ebenfalls der Möglichkeit einer Verpuffung und damit eines Unglücks: „Eine zentrale Zündung halte ich nicht für möglich." Zwar käme wohl eine Durchzündung im Obergeschoss in Betracht. Dass sich aber die Feuerwalze in das Untergeschoss bewegte – nein! Michael R. bietet als Auslöser einen zweiten möglichen Brandausbruchsherd im Erdgeschoss des Hauses an. Allerdings sagt auch er: „Die Brandursache kann ich jetzt, nach elf Monaten, nicht mehr feststellen."

Wie sich das Feuer innerhalb einer halben Stunde zu einem Vollbrand ausgewachsen haben soll, kann sich keiner der Experten, bis auf R. & C. mit ihrer Durchzündungstheorie, vorstellen. Kein Szenario will stimmen. Auch Behältnisse, aus denen schließlich die enorme Menge an Brennspiritus in kürzester Zeit vergossen worden sein müsste, konnten nicht gefunden werden.

Steht die Schuld der Angeklagten nun trotzdem zweifelsfrei fest? Diese Frage wird die 22. Große Strafkammer in vierzehn Tagen in ihrem Urteil zu beantworten haben. Richter Peter F. hat am Ende des Prozesstermins der Angeklagten Monika de Montgazon ein weiteres Mal die finstere Perspektive einer lebenslangen Haft und die Möglichkeit einer Strafmilderung in Aussicht gestellt. Mord wird nach dem deutschen Strafgesetzbuch mit lebenslanger Haft bestraft. Sie kann in eine „zeitige Freiheitsstrafe" gewandelt werden, deren Höchstmaß aus 15 Jahren Haft besteht. Ein Milderungsgrund wäre zum Beispiel – ein Geständnis.

Urteil ausgebremst – Befangenheitsantrag (17. Dezember 2004)

Nach einem halben Jahr Verfahrensdauer war kurz vor Weihnachten eine erste Einlassung der mutmaßlichen Mörderin Monika de Montgazon zu erwarten. Vielleicht auch bereits das Urteil. Gewohnt zäh lief der Prozesstermin an. Der Vorsitzende Richter forderte die Angeklagte auf, ihre angekündigten Aussagen zu machen, als ihr Rechtsbeistand Lutz K. plötzlich aufsprang, so als hätte er etwas vergessen. Eine Erklärung wolle er verlesen. Die „Erklärung" entpuppte sich als Befangenheitsantrag gegen den Vorsitzenden Richter und stoppte die Hauptverhandlung kurz vor ihrem Ende.

Die Vorwürfe, die Rechtsanwalt Lutz K. vorbringt, sind nicht von der Hand zu weisen. Seit dem Sommer schleppt sich der Prozess terminlich nur mühsam voran. Nach einer längeren sommerlichen Urlaubspause erkrankte der Vorsitzende Richter. Schicksal, möchte man meinen, mit dem sich die seit mehr als einem Jahr in Untersuchungshaft sitzende Monika de Montgazon eben abfinden muss.

Aber in der U-Haft erfährt die Angeklagte von einem Mithäftling, dass Richter F. am fraglichen Tag durchaus mindestens einer Verhandlung vorsaß und nicht nur, wie er, daraufhin angesprochen, erklärte, eine halbe Stunde. Einen weiteren Termin am 1. November 2004 hatte der Vorsitzende Richter schlicht vergessen. Extra angereiste Brandsachverständige warteten zunächst vergeblich auf das Erscheinen des Gerichts. Als die Strafkammer dann endlich doch erschien, stellte sich heraus, dass die beteiligten Feuerwehrleute nicht geladen waren. Der Termin fiel aus. Anwalt Lutz K. mutmaßt: „Meine Mandantin soll offenbar finanziell ausgeblutet werden."

Dagegen muss die Angeklagte wiederholt erleben, wie ihr Verteidiger von dem Vorsitzenden Richter abgekanzelt wird. „Sie beleidigen meine Intelligenz!", fährt Richter Peter F. den erschrockenen Rechtsanwalt anlässlich eines vorgetragenen, strittigen Beweisantrages an. Zweimal erklärt der Vorsitzende Richter auch, dass die Angeklagte „verdächtiger denn je" ist. Und das zu einem Zeitpunkt, an dem die entscheidenden Aussagen der Brandexperten vom Landeskriminalamt und der von der Verteidigung bestellten Sachverständigen noch ausstehen.

Die Summe dieser Erlebnisse und die Tatsache, dass die Prozesstermine wiederholt mit einer Verspätung von mindestens einer halben Stunde beginnen, haben das Vertrauen der Angeklagten in die Strafkammer und ihre Hoffnung auf ein gerechtes Urteil sicher nicht gestärkt.

Jetzt wird ein unabhängiges Richtergremium, das auf Anfrage der Verteidigung auch namhaft zu machen ist, über den Antrag der Verteidigung entscheiden. „Spät kommt der Antrag, aber nicht zu spät", wie die Staatsanwaltschaft lakonisch erklärt, denn die entscheidenden Umstände, auf die sich die Ablehnung des Richters stützt, sind notwendig – so der entscheidende Punkt – erst später eingetreten (§ 25 der StPO).

Noch immer ist die Beweislage gegen die Angeklagte mager. Dem Gebot der Unschuldsvermutung nach dürfte für sie theoretisch zumindest ein „in dubio pro reo" im Raum stehen. Besonders heikel sind die belastenden Aussagen des Brandexperten Egon B. (LKA) zu werten, denen in diesem Prozess eine besondere Bedeutung zukommt. Mindestens dreimal schon hat ein Brandgutachten des Berliner LKA in Anwendung fraglicher, bundesweit einmaliger Methoden irrtümlich Brandstiftung durch Verwendung von Brennspiritus diagnostiziert und fälschlich einen folgenschweren Prozess provoziert. In einem weiteren vermeintlichen Mordfall beispielsweise, in dem ein Vater wegen „psychischer Überlastung" durch Brandstiftung im Kinderzimmer seinen geistig behinderten Sohn getötet haben sollte, kam der Freispruch zweieinhalb Jahre nach der vermeintlichen Tat, die sich als entsetzliches Unglück erwies.

Schuldig, überführt! (26. Januar 2005)

Am 26. Januar 2005 ging der Marathon-Prozess im Mordfall de Montgazon zu Ende. In ihrem Plädoyer befand Staatsanwältin Pamela K. Monika de Montgazon für „schuldig" und „überführt". Sie beantragte eine lebenslange Freiheitsstrafe. Rechtsanwalt Peter S., in der Nebenklage für die Schwester der Angeklagten auftretend, forderte dagegen einen Freispruch. Monika de Montgazon beteuerte in ihrer letzten Wortmeldung: „Ich habe meinen Vater nicht umgebracht!" Die 22. Große Strafkammer aber schloss sich dem Antrag des öffentlichen Klägers an und sprach die Angeklagte schuldig. Das Urteil hinterlässt einen faden Nachgeschmack sowie einige Zweifel im Hinblick auf einen fairen Prozess.

„In dubio pro reo" – im Zweifel für den Angeklagten. In zwei Fällen sahen wir die 22. Große Strafkammer diesen

Rechtsgrundsatz bereits peinlichst anwenden und waren beeindruckt. Im Falle einer Anklage wegen Körperverletzung mit Todesfolge, die wohl auch als Totschlag hätte durchgehen können, prügelte ein junger, eifersüchtiger Mann auf einen schlafenden Nebenbuhler ein. Der hatte, erwachend, gerade noch die Gelegenheit zu dem letzten empörten Ausruf „Oh Mann!". Tags darauf verschied er auf der Intensivstation eines Krankenhauses, ohne das Bewusstsein wiedererlangt zu haben. Der Angeklagte erklärte später bußfertig dem Gericht: „Ich schlug so lange auf ihn ein, bis Blut aus Mund und Nase floss."

Nur zufällig notierte ein Polizeibeamter die Bemerkung einer Zeugin, der Getötete sei auf dem Weg nach Hause in der zur Rede stehenden Nacht gestürzt. Weder konnten andere Zeugen dies zweifelsfrei bestätigen, noch ließ sich klären, wo, ob und mit welchen Folgen es wirklich zu diesem Sturz gekommen war. Doch die Urheberschaft der Todesfolge war nun in Frage gestellt. Hatte sich das Opfer bei dem Sturz ein Blutgerinnsel zugezogen? Schlug der Angeklagte vielleicht auf einen Sterbenden ein?

„In dubio pro reo" hieß es schließlich im Urteil der 22. Großen Strafkammer. Neun Monate Haft wegen Körperverletzung, in der Gesamtstrafe wegen weiterer Tatvorwürfe ein Jahr Haft, ausgesetzt auf drei Jahre zur Bewährung. Der Angeklagte verließ unter dem wütenden Protest der Zuhörer als freier Mann den Saal. Richter Peter F. erklärte in seiner Urteilsbegründung: „Es ist mir klar, dass das Urteil nicht befriedigt und für den Vater des toten Sebastian unerträglich ist."

Auch im Fall einer Anklage wegen Vergewaltigung kommt der Angeklagte vor der 22. Großen Strafkammer in den Genuss des „in dubio pro reo", jedoch nicht, ohne dass der Vorsitzende Richter Peter F. dem bereits Triumphierenden mit auf den Weg gibt: „... muss ich Ihnen auch sagen, dass – meine persönliche Meinung – der Anklagevorwurf gegen Sie zutrifft." Aber die

Gesetzeslage verlange nun einmal die zweifelsfreie Feststellung der Schuld. Hut ab vor soviel Buchstabentreue!

Dass die 22. Strafkammer auch anders kann, bewies sie in dem Mord-Prozess gegen Monika de Montgazon. Sie schloss sich in ihrer Urteilsbegründung den Ausführungen der Staatsanwaltschaft an, die in ihren Augen den Sachverhalt „souverän und richtig zusammengefasst" und Monika de Montgazon der Tat für „überführt" erklärt hatte. Trotz widerstreitender Gutachter- und Zeugenaussagen und der Erklärung der Angeklagten „Ich habe meinen Vater nicht umgebracht!" hielt das Gericht den folgenden Tathergang für wahrscheinlich:

Am 18. September 2003 gegen 0:30 Uhr schleicht sich Monika de Montgazon aus ihrem Schlafzimmer. Der neben ihr liegende Lebensgefährte Karsten Sch. schläft bereits. Sie verschüttet im gegenüberliegenden Zimmer ihres Vaters Brennspiritus und legt Feuer. Dann weckt sie ihren Liebsten mit der Hiobsbotschaft, es brenne. Sie bittet ihn, den Vater zu retten. Unter dem Vorwand, im Erdgeschoss des Hauses telefonisch die Feuerwehr alarmieren zu wollen, verteilt sie auch dort Spiritus und entzündet ihn. Dann ruft sie vor dem Haus stehend die Feuerwehr. Karsten Sch. springt nach einem vergeblichen Versuch, den Vater zu retten, aus dem Fenster des Hauses und verletzt sich dabei. Als Mordmotiv nennt das Gericht Habgier. Aus einer desolaten Lebenssituation heraus habe Monika de Montgazon mit dem Versicherungsgeld ein neues Leben beginnen wollen.

Eine zweifelsfreie Beweiskette ist dies indessen nicht. Die gegen Monika de Montgazon ins Feld geführten Argumente könnten schlüssig auch zu ihren Gunsten ausgelegt werden. Doch das Gericht sprach Monika de Montgazon schuldig. Es verurteilte sie zu lebenslanger Haft und stellte die besondere Schwere der Schuld fest. Das bedeutet, dass Monika de Montgazon selbst nach 15 Jahren Haft zunächst nicht auf freien Fuß kommen wird.

Insgesamt hinterlässt diese Hauptverhandlung auch aus Formgründen einen faden Nachgeschmack, der dazu beiträgt, Zweifel an einem fairen Prozess zu wecken.

Der Vorsitzende Richter schien permanent gereizt, ließ wiederholt Contenance vermissen und attackierte den Verteidiger der Angeklagten wiederholt verbal, und zwar in durchaus kränkender Weise. Viele Verhandlungstage begannen mit einer Verspätung von mindestens 30 Minuten. Einen Prozesstermin hatte der Vorsitzende Richter „vergessen". Eine Zuschauerin, die allen Prozessterminen in still ergebener Andacht lauschte, warf Richter F. mit dem Vorwurf, sie hätte geschwatzt, ungehalten aus dem Saal. Ein Beisitzender Richter dagegen pflegte der Hauptverhandlung mit geschlossenen Augen zu folgen. Während der Schlussplädoyers des Prozesses kämpfte er anhaltend mit dem Schlaf, sodass ihm sein in die Hand gestützter Kopf mehrfach entglitt und auf den Richtertisch zu sinken drohte.

Die Hoffnung der Angeklagten und ihres Verteidigers Lutz K. liegen jetzt in der Revision. Der Bundesgerichtshof soll entscheiden, ein eigenes Urteil fällen oder die Sache zur Neuverhandlung an das Berliner Landgericht zurückgeben. Die wird, im besten Fall, nicht vor einem halben Jahr zu erwarten sein.

Drei Jahre später: Freispruch für die „Vatermörderin" (2. April 2008)

Vor drei Jahren verurteilte die 22. Große Strafkammer unter Vorsitz von Richter Peter F. Monika de Montgazon (53) wegen Mordes zu einer lebenslangen Freiheitsstrafe. Die Kammer hielt es für erwiesen, dass die Arzthelferin aus Habsucht – wegen einer Versicherungssumme von 220.000 Euro – am 18. September 2003 das Haus ihres 76-jährigen Vaters angezündet hatte, in dem dieser qualvoll verbrannte. Der Bundesgerichtshof hob dieses Urteil mit Beschluss vom 11. Januar 2006 auf und gab den Fall zur Neuverhandlung an das Berliner Landgericht zurück. Ein Freispruch liegt zum Greifen nah. Doch wird Monika de Montgazon jetzt vollständig rehabilitiert oder mit einem „in dubio pro reo" in ihr zerstörtes Leben entlassen?

Mit Beschluss vom 11. Januar 2006, also ein Jahr nach Urteilsverkündung, kassierte der Bundesgerichtshof das Urteil der Berliner Schwurgerichtskammer. Er argumentierte, die Urteilsbegründung der 22. Großen Strafkammer zur Entstehung des Brandes litte an eklatanten Darstellungsmängeln. Darauf hob zwei Monate später die 35. Berliner Strafkammer unter Vorsitz von Ralph E. den Haftbefehl gegen Monika de Montgazon auf und begründete diesen Schritt mit der von den Strafverfolgungsorganen zu verantwortenden erheblichen Verfahrensverzögerung. Zudem, so hieß es, sei von einer weiteren Hauptverhandlung eine Klärung der Vorgänge der mutmaßlichen „Tatnacht" auch nicht mehr zu erwarten, ein Freispruch somit unabdingbar.

Ergo bleibt nun nur noch die Couleur dieses Freispruchs zu ermitteln. Ist Monika de Montgazon von jeder Schuld freizusprechen, oder ist im Zweifelsfall für die Angeklagte zu entscheiden? Kommt es zu einem Freispruch erster oder zweiter Güte? Die jetzt zuständige 29. Große Strafkammer beauftragte daher vorab und vor Neuverhandlung einen weiteren Brandgutachter. Die Wahl fiel auf die Wiesbadener Brandsachverständige und Diplomingenieurin Silke L. (48) vom Bundeskriminalamt.

In ihrem Gutachten kam die Sachverständige zu folgendem Schluss: „Als wahrscheinlichste Brandursache ist eine brennende Zigarette anzusehen, die einen Schwelbrand im Bett des Krankenzimmers auslöste." Hinweise für eine Brandstiftung durch Verwendung einer brennbaren Flüssigkeit hingegen „fanden sich überhaupt nicht". Klare Worte.

Unter diesen Vorzeichen begann am 2. April 2008 vor der 29. Großen Strafkammer die Neuverhandlung, die jetzt wieder großes öffentliches Interesse weckte. Anders als im Verfahren vor dreieinhalb Jahren trat die Angeklagte zwanglos, weil auf freiem Fuß befindlich, den Termin an. Sie wirkte sichtlich aufgeregt, aufgekratzt und nun auch aufgeschlossen.

Neben der Sachverständigen Silke L. waren drei Gutachter der Verteidigung angereist, und die in der Kritik stehenden Sachverständigen des Landeskriminalamtes (LKA) Dr. Karel A. und Egon B. erschienen. Doch wie von den Prozessbeteiligten vorab vereinbart und durch das Gericht verkündet, wurde nur noch die Gutachterin des BKA gehört.

In einem circa zwei Stunden dauernden Vortrag referierte die Gutachterin in klar verständlicher und anschaulicher Weise ihre 26-seitige Ausarbeitung. Zwei vorgeführte Filme zu Brandversuchen verdeutlichten gleich eingangs, wie untauglich Brennspiritus, laut Berliner LKA die Brandursache in diesem Verfahren, zum Zündeln ist. Ein halber, dann auch ein ganzer Liter – auf einem Teppich ausgebracht – vermochten keinen Flächenbrand herbeizuführen. Die Flammen gingen in den gezeigten Versuchen schließlich rasch von selbst aus.

Darauf zeigte die Wiesbadener Kriminalbeamtin ein Video, das ihr von den Berliner Brandsachverständigen ausgehändigt worden war. Ein Video, das im ersten Prozess nicht als Beweismittel eingeführt wurde und der Verteidigung auch nicht bekannt war. Anhand dieses Dokuments erklärte Silke L., dass die Brandspuren nur eine Erklärung zuließen: Das Brandopfer Theo de Montgazon habe mit einer unsachgemäß entsorgten Zigarette einen Schwelbrand erzeugt, der dann zu einem Flash-Over, einer Durchzündung des Gasgemischs, mit den bekannten, tragischen Folgen führte. Die Sachverständige: „Im Schlafzimmer muss es einmal ‚Husch' gemacht haben, da war die Decke weg." Die von den LKA-Ermittlern exponierten Brandausbruchstellen führte die Wiesbadener Kriminalbeamtin nachvollziehbar ad absurdum. Schlüssig auch im Timing des Ereignishergangs war ihrer Ansicht nach allein die Version eines Schwelbrandes.

Die Berliner Ermittler Dr. Karel A. und Egon B. folgten den Ausführungen der Kollegin vom BKA mit regloser Miene. Mancher Zuhörer wird sich gefragt haben, warum die Berliner Sachverständigen ihre Ausführungen während der ersten Hauptverhandlung so wenig transparent gemacht hatten und warum die Schwurgerichtskammer unter Vorsitz des Richters Peter F. dies nicht einforderte.

Wie konnten aber, wenn die Ausführungen der Wiesbadener Sachverständigen stimmen, die Berliner Gutachter, wie sie in der ersten Hauptverhandlung ausführten, in allen 17 am Unglücksort genommenen Proben Brennspiritus von so eklatanter Menge nachweisen? Die Sachverständige L. sagt dazu: „Es gibt keine vernünftige Erklärung hierfür." Es widerspräche allen ihren Erfahrungswerten. Das hätte auch, setzt sie hinzu, ihre Berliner Kollegen „stutzig machen müssen". Zumal ihre Ergebnisse in keiner Weise mit den Brandspuren vor Ort in Einklang zu bringen waren.

Rudolf J., der als Nebenkläger wie ein Löwe für seine Schwägerin kämpfte, besteht auf einem Freispruch erster Klasse für Monika de Montgazon. Aber er möchte auch der „Sprit-Obsession" am LKA, wie er sagt, ein Ende bereiten. Deshalb gibt er sich am 2. April 2008 nicht mit der für seine Schwägerin günstigen Zeugenaussage der Sachverständigen des BKA zufrieden. Er möchte die Brandgutachter des Berliner LKA vor den Augen der Öffentlichkeit seinen hochnotpeinlichen Fragen aussetzen. Doch dazu kommt es nicht. Das Gericht lehnt den Antrag auf eine nochmalige Zeugenaussage der beiden ab.

Damit wird das Verfahren planmäßig in sieben Tagen zu Ende gehen können. Die Plädoyers der Staatsanwaltschaft und der Nebenklage waren bereits zu hören. Staatsanwalt Josef A., der sich, wie er sagte, in der glücklichen Lage schätzte, weder die Anklage geschrieben noch am ersten Prozess teilgenommen zu haben, plädierte für einen Freispruch. Da seines Erachtens jedoch Fragen offenblieben, wodurch „man sich auf die eine oder andere Seiten schlagen könne", beantragte er den Freispruch zweiter Klasse: in dubio pro reo.

Rechtsanwalt Dr. Peter S., der die Schwester der Angeklagten in der Nebenklage vertrat, griff mit scharfen Worten die 29. Strafkammer an, die es sich mit der Anhörung ausschließlich einer Zeugin seines Erachtens zu leicht mache und damit ein „ordentliches Verfahren" verhindere. Man müsse, so Dr. Peter S., alle Gutachter hören, um sich ein Bild zu machen. Insbesondere sei die Frage zu klären, warum die Sachverständigen des LKA offensichtlich das Einmaleins der Brandermittlung nicht beherrschten. Ein Seitenhieb ging auch an die Staatsanwaltschaft, die der Nebenkläger in der Pflicht sah, den in der Familie der Angeklagten gesäten Zweifel jetzt auszuräumen.

„Ein Fehlurteil zu viel" (9. April 2008)

Heute sprach die 29. Strafkammer unter Vorsitz von Richterin Angelika D. Monika de Montgazon (53) vom Vorwurf des Mordes frei. Sie schloss sich den Erkenntnissen der einzigen Zeugin des zwei Tage währenden Verfahrens, der Brandsachverständigen Silke L. vom Bundeskriminalamt (BKA), an.

Nach dem Plädoyer der Verteidigung, vertreten durch Rechtsanwalt Lutz K. (52), war nach einer einstündigen Beratungspause des Gerichts das Urteil zu hören. Lutz K., der noch einmal die Problematik des Verfahrens in erster Instanz aus dem Jahr 2003/04 skizzierte, hatte für seine Mandantin einen Freispruch erster Klasse gefordert.

Konsequenzen gegen die zweifelhaften Methoden der LKA-Sachverständigen legte Anwalt Lutz K. in die Hände der Behörden und forderte im gleichen Atemzug ein Vorgehen gegen deren „Kaffeesatzlesen", das bereits so viel Unheil angerichtet habe.

Damit wies er auf vier bekannte Berliner Fehlurteile hin, die alle auf den Gutachten der genannten Sachverständigen fußten.

Wenig überraschend war schließlich das Urteil der 29. Strafkammer. Freispruch, natürlich. Unerwartet war jedoch die Klarheit, mit der die Schwurgerichtskammer den Ausführungen der Zeugin Silke L. vom BKA folgte. Bezug nehmend auf die Urteilsbegründung aus erster Instanz und dem in ihr skizzierten Tathergang erklärte die Vorsitzende Richterin D. schlicht: „Diese Tathandlung ist nicht feststellbar." Die kompetente, sachkundige Gutachterin vom BKA Wiesbaden habe, so die Richterin, einen Schwelbrand, ausgelöst durch eine brennende Zigarette, nicht nur für wahrscheinlich, sondern für sicher gehalten.

Deutliche Kritik ging nicht nur an die Ermittler des LKA, sondern auch an die 22. Strafkammer. Während sich die Sachverständigen zu schnell zu einer einseitigen Interpretation hätten hinreißen lassen, habe das zuständige Schwurgericht die kritische Aufarbeitung der Sachverständigenvorlagen missen lassen. Zwar könne ein Gericht nur so gut sein wie seine Sachverständigen, aber, so Richterin D.: „Das Gericht darf den Sachverständigen nicht blind folgen." Sie konstatierte: „Die 22. Strafkammer hat sich auf die Sachverständigen verlassen. Das war falsch."

Als der für die Angeklagte entscheidende Satz fiel, „auf den Zweifelsgrundsatz will sich die Kammer jedoch nicht zurückziehen", fiel Monika de Montgazon sichtlich ein Stein vom Herzen. Unschuldig! Dieses Urteil hatte sie sich in ihrem letzten Wort erbeten. „Das ist man mir schuldig", hatte sie mit leiser Stimme trotzig erklärt und sich bei ihrer Familie dafür bedankt, dass sie all die schweren Jahre zu ihr stand.

Die Vorsitzende Richterin D. zeigte sich zufrieden darüber, dass das Rechtssystem, das durch das Fehlurteil in erster Instanz in die Kritik geraten sei, „hier nun doch gegriffen" habe. Aber, so setzte die Vorsitzende Richterin nach: „Jedes Fehlurteil ist eines zu viel."

„Ich habe gedacht, das ist ein Irrtum, das klärt sich auf" Interview mit Monika de Montgazon

Frau de Montgazon, wie war das damals für Sie nach dem Unglück?

Ich war völlig durch den Wind. Es war ja alles verbrannt. Ich wohnte bei den Nachbarn, die wir seit Jahren kennen. Die haben mir wirklich geholfen. Freunde brachten mir Sachen, sagten mir, was ich tun soll. Zum Glück hatte ein Bekannter von mir gerade Urlaub und fuhr mich überallhin. Ausweis beantragen, Bilder machen lassen, zur Bank. Mein Bekannter sagte: „Du musst die Versicherung anrufen und das melden." Später wurde mir daraus ein Strick gedreht und das Mordmotiv gebastelt ...

Drei Wochen danach stand die Kripo vor Ihrer Tür.

Ja, die holten mich ab. „Würden Sie bitte mitkommen zu einer Aussage." Dass ich die Sachen packen soll, das haben sie mir nicht gesagt. Erst in der Keithstraße erklärte man mir, ich sei jetzt festgenommen. Da habe ich gedacht, das ist ein Irrtum, das klärt sich auf.

Man hat Ihnen vorgeworfen, Ihren Vater getötet zu haben, indem sie sein Haus anzündeten.

Warum hätte ich ihn töten sollen? Das „schnelle Geld" von der Versicherung? Haben Sie schon mal „schnelles Geld" von der Versicherung bekommen? – Sterbehilfe? Als Arzthelferin auf diese Weise? So ein Unsinn! Theo war zwar todunglücklich, dass er nicht mehr laufen konnte. Aber er hatte keine Schmerzen, keine Luftnot. Vielleicht, wenn mein Vater vor Schmerzen nicht mehr ein noch aus gewusst hätte … Aber ich muss ehrlich sagen: Damit hätte ich gar nicht leben können.

Sie saßen zweieinhalb Jahre hinter Gittern. Erst in der JVA Lichtenberg, später in Pankow. Wie war das für Sie?

Am Anfang fiel ich wirklich in ein tiefes Loch. Dann die Trauer um meinen Vater. Vorher war ich noch gar nicht richtig dazu gekommen zu trauern. Kein Kontakt zu der Familie. Und als ich dann meinen Sohn endlich sprechen konnte, das Berührungsverbot! Das war das Schlimmste überhaupt. Wir durften uns nicht umarmen, küssen, nicht einmal die Hand geben. Als ich von diesem Besuch in meine Zelle kam, habe ich nur noch geheult.

Verließ Sie irgendwann der Mut?

Nein. Ich habe mit meinem Optimismus alle verrückt gemacht. Auch nach dem Schuldspruch. Ich wusste, ich bin unschuldig, und dachte: „Alles wird gut!" Ich bin ja mit allen gut ausgekommen. Die Beamten haben mich korrekt und mit Respekt behandelt. Als ich nach meinem Schuldspruch am 26. Januar 2005 völlig verzweifelt zurück in die Anstalt kam, nahm mich eine Beamtin tröstend in den Arm.

Am 2. Juli 2004 begann dann der Prozess gegen Sie als mutmaßliche Vatermörderin.

Ja, und ich habe mich auf den Prozess gefreut! Ich dachte, dann klärt sich endlich alles auf. Ich habe mir auch keine Gedanken um einen Anwalt gemacht. Schließlich war ich ja unschuldig. Auch mein psychologischer Gutachter hielt mich für unschuldig. Auch wenn er mir sagte, das könne er nicht so schreiben, weil er sonst nie wieder einen Auftrag für ein Gutachten vom Gericht bekäme.

Allerdings hatte Rechtsanwalt Dr. Peter S. vor Prozessbeginn in einer inoffiziellen Unterredung mit dem Vorsitzenden Richter Peter F. bereits Entmutigendes in Erfahrung gebracht.

Das wusste ich nicht. Ich wusste ja so vieles nicht. Das hat mir dann später mein Schwager Rudi erzählt, dass der S. nach einer Unterredung mit Richter F. zurückkam mit der niederschmetternden Nachricht: „Da ist nichts mehr zu machen." Und so war ja dann der Prozess auch. Richter F. mit seiner vorgefertigten Meinung. Alles eine einzige Farce.

Warum haben Sie eigentlich während Ihres ersten Prozesses erst so spät eine Aussage gemacht?

Ganz einfach. Ich hatte ja den Beamten gegenüber schon alles mehrfach erzählt. Und mein Anwalt sagte, ich könnte mich auch später einlassen. Das habe ich ganz zum Schluss dann gemacht. Aber da war ja eigentlich alles schon egal. Jetzt denke ich, ich hätte vielleicht ein Statement durch meinen Anwalt abgeben sollen.

Die 22. Strafkammer ging aufgrund des belastenden Gutachtens der Brandsachverständigen vom Landeskriminalamt von einem Verbrechen aus. Wie erklären Sie sich, dass das Gericht sich von Beginn an auf Sie eingeschossen hatte?

Keine Ahnung.

Hatten Sie eigentlich jemals Ihren damaligen Lebenspartner Karsten Sch., der ja einen nicht unbeträchtlichen Teil seines Lebens hinter Gittern verbrachte, in Verdacht, den Brand gelegt zu haben?

Solange ich in Haft war, nicht. Das konnte ich mir nicht vorstellen. Heute frage ich mich allerdings schon, warum die Tür zu Theos Zimmer damals geschlossen war. Denn die war ja immer offen, damit wir meinen Vater rufen hören konnten. Charlie kam in jener Nacht zu mir nach oben. Hat er vielleicht den Rauch gesehen und die Tür einfach zugemacht? Ich weiß es nicht …

Karsten Sch. hat sich in den von der Kripo abgehörten Gesprächen mit ihnen im Krankenhaus sehr widersprüchlich geäußert. Vor Gericht behauptete ihr Freund, er habe ihren Vater in der

Brandnacht retten wollen, kam aber nicht in dessen Zimmer. In den Abhörprotokollen jedoch heißt es, er sei in der Brandnacht im Zimmer ihres Vaters gewesen und wollte ihn aus dem Fenster werfen, um ihn zu retten. Er fragte Sie damals besorgt: „Nicht, dass die uns noch wegen Mord rankriegen?" Das klingt doch sehr konkret.

Ja, ich weiß auch nicht. Dass da nicht weiter nachgeforscht wurde, kann ich nicht nachvollziehen. Ihm soll ja angeblich das Motiv gefehlt haben, weil ich alles erbte. Aber wer mich kennt, der weiß: Wenn ich was habe, haben die anderen auch.

Was denken Sie über die Arbeitsweise der Brandsachverständigen des Landeskriminalamtes?

Es ist schon schlimm, dass das LKA so manipuliert. Ich könnte es nachvollziehen, wenn Richter F. auf die Sachverständigen sauer wäre.

Die 22. Große Strafkammer hat Sie zu lebenslanger Haft verurteilt. Wie empfanden Sie die Strafkammer, wie den Vorsitzenden Richter?

Voreingenommen. Und dann glaube ich schon, dass Richter F. die entscheidende Aktie an dem Urteil hatte. Denn ich kann mir nicht vorstellen, dass die Beisitzer, Richter R., der ja immer schlief, oder Richterin S. ihm irgendwie Paroli boten. Und die Schöffen, na ja … Ich bin der Meinung, dass ich von Anfang an vorverurteilt war. Ich habe während des Prozesses oft gedacht: „Was hat Richter F. gegen dich? Der kennt dich doch gar nicht. Ich habe ihm doch überhaupt nichts getan."

Hätten Sie eine Frage an den Vorsitzenden Richter der Kammer, die Sie verurteilt hat?

Ja. Ich würde ihn gern fragen, warum er mich verurteilt hat.

Frau de Montgazon, Sie haben mir erzählt, ein Reporter hätte Ihnen vorgeschlagen, die Adresse von Richter F. herauszubekommen, um ihn zu besuchen und einmal so richtig die Meinung zu sagen. Was halten Sie davon?

Nichts. Das ändert gar nichts. Ich kenne die Adresse von Richter F. In gewisser Weise verstehe ich ihn sogar. Wenn er sich jetzt sagen würde, ich habe da einen Fehler gemacht, und der Fehler hat so weitreichende Konsequenzen, dann hätte ich an seiner Stelle schon ein schlechtes Gewissen, würde mir Gedanken machen und könnte nicht mehr schlafen. Das kann ich mir schon vorstellen.

Was ich ihm allerdings nie vergesse: den Transport in Handschellen am 11. April 2005 anlässlich eines Transportes zu einem Zeugentermin von der JVA Pankow nach Moabit. Der Termin war um 11 Uhr. Es war eine furchtbare Fahrt. Allein in einem großen Wagen, in einer nicht mal einen Quadratmeter großen Kabine, die Hände gefesselt auf dem Rücken. Die Handschellen waren nicht vorgeschrieben. Sie waren eine höchstrichterliche Anordnung von Richter F.

Sie standen vier Jahre lang unter Mordverdacht, verbrachten zwei Jahre unschuldig hinter Gittern, galten zwei Jahre als verurteilte Vatermörderin, ihr berufliches Leben ist völlig zerstört. Was halten Sie von unserem deutschen Rechtssystem?

Zum Glück habe ich erst nach dem Prozess das Buch von Rolf Bossi „Halbgötter in Schwarz" gelesen. Hätte ich das vor dem

Prozess getan, wäre mir nur noch schlecht gewesen. Mittlerweile bin ich so weit, dass ich sage: „Man ist in diesem Land so lange schuldig, bis man seine Unschuld bewiesen hat."

Was würden Sie ändern?

Ich halte es für gefährlich, dass Richter schalten und walten können, wie es ihnen gefällt, und praktisch völlige Narrenfreiheit besitzen. Ich erwarte von einem Gericht, dass es neutral und offen für alle Beweise ist. Ich frage mich außerdem, warum am Landgericht nicht durchgängig Protokoll geführt wird, meinetwegen auch mit dem Tonband. Und Revision, das hat doch nichts mit Recht oder Wahrheit zu tun, wenn es da nur noch um einen Verfahrensfehler geht. Ich kann von Glück sagen, dass die Urteilsbegründung der 22. Strafkammer so schlecht geschrieben war. Sonst hätte ich gar keine Chance gehabt.

Ihnen wurden immer wieder sogenannte „goldene Brücken" zu einem Geständnis gebaut. Am 6. Dezember 2004 bot Ihnen Richter F. beispielsweise gegen ein Geständnis eine zeitige Haftstrafe anstatt eines „Lebenslang" an. Haben Sie nie mit dem Gedanken gespielt, einfach ein Geständnis abzulegen?

Nie. Ich war ja unschuldig. Und ich war trotz allem optimistisch.

Wie ist das jetzt finanziell für Sie? Sie erhalten elf Euro pro Tag Haftentschädigung und bekommen alle nötigen Auslagen von der Justizkasse erstattet. Zählen dazu auch die Kosten für Ihre Sachverständigen Gutachter?

Ich hoffe; denn die unabhängigen Brandsachverständigen, die mich schließlich retteten, haben bislang keinen Pfennig gesehen. Wenn das nicht klappt, werden wir klagen müssen. Denn es kann ja nicht sein, dass ich wegen dieser Sache bis an mein Lebensende verschuldet bin.

Hat sich Ihre Lebenseinstellung mit dieser einschneidenden Erfahrung geändert?

Nein. Eigentlich nicht. Ich bin immer noch offen für alles Mögliche, und optimistisch bin ich auch. Meine Familie hat außerdem zu mir gehalten. Und auch meine Freunde und Bekannten. Das war gut.

Was haben Sie als Nächstes vor?

Wieder einen Job finden. Ich fange jetzt praktisch wieder bei Null an, mal sehen, wo …

Nach dem Freispruch ist vor der Klage (18. September 2008)

Fünf Monate nach dem Freispruch muss sich Justizirrtumsopfer Monika de Montgazon (53) erneut vor Gericht verantworten. Die von dem Vorwurf des Mordes freigesprochene Arzthelferin ist von ihrer Nachbarin verklagt worden: Monika de Montgazon habe durch den desolaten Zustand ihrer Doppelhaushälfte in Berlin-Neukölln Schimmelbildung im anliegenden Haus verursacht und solle diese als Verursacherin beseitigen. Die so Beschuldigte, die von der 22. Großen Strafkammer unter Vorsitz von Richter Peter F. am 26. Januar 2005 fälschlich wegen Brandstiftung und Mordes an ihrem bettlägerigen Vater zu einer lebenslänglichen Haftstrafe verurteilt war, hatte jedoch gerade aus Gründen der Beweismittelsicherung und um ihre Unschuld zu beweisen, das Haus jahrelang unangetastet gelassen. Jetzt, nach klarem Freispruch, hofft die Angeklagte vergeblich auf ein schnelles Einspringen ihrer Versicherung.

Eine halbe Stunde vor Termin treffen Monika de Montgazon und ihre Familie im Landgericht am Tegeler Weg ein. Sie kommen direkt vom Friedhof. Denn der 18. September ist auch der Todestag ihres Vaters Theo de Montgazon, der fünfte Jahrestag des Unglücks. Unpassender hätte dieser Gerichtstermin nicht anberaumt werden können.

Unbeholfen entschuldigt sich Richter Ulrich D. Dem auf Verfahrensbeschleunigung bedachten Vorsitzenden war das heikle Datum entgangen. Wieder kritisiert Schwager Rudolf J. die Unzulänglichkeit des in dieser Sache durch eine Zivilkammer eingesetzten Sachverständigen: „Das Gutachten beantwortet keine einzige Beweisfrage!" Der Sachverständige habe, so sein Vorwurf, das Haus nur oberflächlich in Augenschein genommen.

Richter D. bestätigt: „Das war wenig hilfreich, was da bisher gemacht wurde." Trotzdem neigt der Vorsitzende Richter, wie er vorab bekannt gibt, zur Stattgabe der Klage. Auch wenn nicht erwiesen sei, so Richter D., weshalb die die Haushälften teilende Brandmauer durchnässt sei, es bliebe doch ein Kondenswasserproblem.

Denn es sei schlüssig und nachvollziehbar, dass sich Schimmel im Haus der Nachbarin bilde, wenn das Haus neben dem ihren kalt und leer stehe. Deshalb, so D., müsste die Brandmauer nicht nur abgedeckt, sondern auch gedämmt werden.

Die Kosten hierzu, den schließlich zu vereinbarenden Streitwert, würde Richter D. am liebsten direkt mit der Versicherung von Monika de Montgazon verhandeln. Doch die Versicherung hat sich bislang nicht positioniert.

Eine Einigung zwischen den Parteien, die jedoch keinerlei persönliche Animositäten in dieser Sache aufkommen lassen wollen, kommt schließlich nicht zustande.

Nachwort

Die Zuhörerin drängte mit den anderen in den Gerichtssaal. Als sie die gepflegte, vertrauenerweckende Angeklagte entdeckte, eine Mittfünfzigerin wie sie selbst, riss sie die Augen auf, hielt sich erschrocken die Hand vor den Mund und murmelte: „Sieht so eine Mörderin aus?"

Dieser kleine Vorfall ereignete sich anlässlich eines Mordprozesses im Frühjahr 2005. Gäbe es auf die genannte Frage eine Antwort, wäre das Landeskriminalamt sicher arbeitslos. Tatsächlich sehen Straftäter aus wie du und ich. Zum Glück machen sie nur rund drei Prozent der Bevölkerung aus. Sie wissen oder ahnen es bereits: An dieser unerfreulichen Zahl sind Frauen mit nur knapp 25 Prozent beteiligt.

Der Berliner Rechtsanwalt Ferdinand von Schirach, als Strafverteidiger auch am Berliner Landgericht aktiv, spricht in seinem Buch „Verbrechen" von einer Parallelwelt, von der der gemeine Bürger gut täte, nichts zu ahnen. Was natürlich Unsinn ist, denn die „bunten Blätter" bringen es täglich groß auf Seite eins: Mord und Totschlag – und noch viel größer, wenn eine Frau die Tat begangen hat.

Dabei sind die statistischen Zahlen, entnommen und berechnet aus den aktuellen statistischen Angaben der Landes- und Bundesbehörden, wenig spektakulär: Im März 2008 saßen 237 Frauen in Berliner Justizvollzugsanstalten – bei insgesamt 5.105 Strafgefangenen. Weibliche Sicherheitsverwahrte, also als besonders gefährlich geltende und deshalb separierte Straftäter, gab es unter den hiesigen 29 Einsitzenden nicht. Bundesweit verbüßten im März 2008 3.300 Frauen eine Haftstrafe (Häftlinge insgesamt: 62.348). Unter den 448 in Deutschland inhaftierten Sicherheitsverwahrten befand sich eine Frau, und von 1.985 eine lebenslange Haftstrafe absitzenden Gefangenen waren 100 Frauen.

Typisch Frau, typisch Mann: Das sind nicht nur Klischees, betrachtet man die Straftatbereiche. Vielleicht haben Sie, wie bis vor Kurzem auch ich, als Stereotyp das in irrer Verzückung entstellte, von Flammen erleuchtete Gesicht der Brandstifterin vor Augen. Welch ein Irrtum: Tatsächlich sind 87 Prozent der Berliner Feuerteufel männlich.

Laut Berliner Kriminalstatistik „brillieren" Frauen vor allem in folgenden Deliktbereichen: falsche Verdächtigung, Ladendiebstahl, Warenkreditbetrug sowie Betrug mit Scheck- und Kreditkarten. Allerdings liegt der Anteil weiblicher Straftäter an diesen geradezu Volkssportcharakter tragenden Delikten im Höchstfall bei 43 Prozent.

Auf mehr als 70 Prozent beläuft sich der Anteil der Frauen im Straftatbereich „Verletzung der Fürsorge- und Erziehungspflicht" – Pflichten, die ihnen aus der sozialen Rolle als Hausfrau und Mutter zwangsläufig zufallen. Mit über 40 Prozent überdurchschnittlich vertreten sind Straftäterinnen auch bei folgenden Rechtsbrüchen: Entziehung Minderjähriger (50 Prozent), Verleumdung (48,6 Prozent) und Misshandlung von Kindern (44,3 Prozent). Von den 50 Personen, die 2006 in Berlin eine Straftat gegen die sexuelle Selbstbestimmung vortäuschten, waren 42 weiblich.

Raubüberfälle (1,9 Prozent), Diebstahl von Kraftfahrzeugen (7,5 Prozent), Drogendelikte (9,1 Prozent), Stalking (14,5 Prozent), Sachbeschädigungen (5,9 Prozent), Körperverletzungen (19,5 Prozent), Wohnungseinbrüche (13,4 Prozent) und auch Brandstiftung (13 Prozent) sind dagegen nicht das Metier von Frauen.[1]

Sexueller Missbrauch ist eine Straftat, die von Frauen offiziell so gut wie nie begangen wird. In Zahlen heißt das: 2008 saßen bundesweit sieben Frauen (1.230) wegen Vergewaltigung, neun (1.080) wegen schweren sexuellen Missbrauchs und wiederum sieben (998) wegen sexuellen Missbrauchs von Kindern in Haft.[2] Ausgehend von den Angaben des Statistischen Bundesamtes 2008, könnten jedoch vier der 636 Vergehen des sexuellen Missbrauchs von Kindern in Berlin 2008 auf das Konto von Frauen gegangen sein. Auf einen dieser seltenen Fälle wurde die Autorin im Januar 2006 zufällig aufmerksam, als sie im Neubau des Moabiter Kriminalgerichts das Geschrei eines 15-Jährigen aufhorchen ließ. Bei dem jungen Mann, der gerade seine Mutter mit „Halt's Maul!" zum Schweigen gebracht hatte und den Prozess für überflüssig hielt, handelte es sich um das Missbrauchsopfer.

Ein eigenes Kapitel ist in diesem Buch dem Prozess gegen die vermeintliche Vatermörderin Monika de Montgazon gewidmet. Das Verfahren begann 2004 und endete fünf Jahre nach der angeblichen Tat mit einem Freispruch – nach einem Justizirrtum, für den die unschuldig als Mörderin Verurteilte zweieinhalb Jahre in Haft saß. Die Autorin hielt den Prozess von Beginn an für außergewöhnlich und begleitete ihn mit 14 Reportagen.

„Sieht so eine Mörderin aus?" Hätte sich diese Frage im Sommer 2004 erfolgreich beantworten lassen, hätte es ein Fehlurteil wie dieses am Berliner Landgericht nicht gegeben. Es verdeutlicht, dass – bei allem rechtlichen Instrumentarium –

....

1 Die Angaben in Klammern beziehen sich auf den Anteil der von Frauen verübten Straftaten im Jahr 2008.

2 In Klammern zum Vergleich die Gesamtzahl der wegen des jeweiligen Delikts in Deutschland Inhaftierten. In der Berliner Statistik fand sich eine entsprechende Aufschlüsselung leider nicht.

das Urteil einer Strafkammer auch immer das von Menschen ist: ein Kompromiss mit der Realität.

Sie möchten mehr von der Autorin
dieses Buches, Barbara Keller, lesen?

Dann gehen Sie auf

www.berlinkriminell.de